妈妈送给青春期女儿的私房书

关照青春期女孩的身心健康
排解成长烦恼和心理困惑

杨建秋 著

中国华侨出版社
·北京·

图书在版编目（CIP）数据

妈妈送给青春期女儿的私房书／杨建秋著．—北京：中国华侨出版社，2017.6(2022.9重印)

ISBN 978-7-5113-6873-7

Ⅰ．①妈…Ⅱ．①杨…Ⅲ．①女性—青春期—健康教育—家庭教育Ⅳ．①G479②G78

中国版本图书馆CIP数据核字（2017）127274号

●妈妈送给青春期女儿的私房书

著　　者	杨建秋
责任编辑	高文喆
封面设计	于　芳
经　　销	新华书店
开　　本	880毫米×1230毫米　1/32　印张/8　字数/180千字
印　　刷	三河市刚利印务有限公司
版　　次	2017年7月第1版　2022年9月第2次印刷
书　　号	ISBN 978-7-5113-6873-7
定　　价	36.00元

中国华侨出版社　北京市朝阳区西坝河东里77号楼底商5号　邮编100028

发行部：（010）64443051　　传真：64439708

网　址：www.oveaschin.com　　E-mail：oveaschin@sina.com

如发现印装质量问题，影响阅读，请与印刷厂联系调换。

前言

每一个有女儿的妈妈，都会在某一天忽然发现，一向娇声娇气的女儿突然间就长大了。女儿，是今天的花骨朵，妈妈明天的贴身袄，看着渐渐长大的女儿，每一位妈妈都有无数的心里话要说，都有数不清的事情在担心。

同样，每一个走进青春期的女孩，都有她自己的困惑和迷茫，烦恼与心思。这一切，妈妈们了然于心。因为女儿今天的路就是妈妈昨天的行程，女儿和妈妈是沿着同一条生长线成长起来的。哪里有坎坷，哪里有陷阱，哪里有喜悦，哪里有悲伤，哪里有风雨，哪里有彩虹，妈妈都能一一道来，如数家珍。

妈妈是女儿最好的领路人。处于青春期的女孩，她们既快乐又感伤，既纤弱又坚强，她们可以像最优秀的男孩那样勇敢地面对生活，也会在一瞬间变回那个娇柔多愁的小公主。羞涩而如含苞待放的玫瑰般的女孩们，有了很多属于自己的粉红色的小心事，时而明媚如春阳，时而乌云罩心上。有时，她们其实很想和妈妈亲昵在一起，说一说自己的小秘密，但是，又总觉得有些尴尬和害羞，这个时候，作为妈妈，唯有主动一些，才能够及早发现并解开她们的心结，让孩子朝着阳光快乐的方向成长。

本书恰如其分地扮演了"好妈妈"这个角色，以千千万万个妈妈的成长经验和育女经验为主题，透过一个母亲的身份，把青春期女孩的故事作为背景叙述开来，讲解了进入青春期以后女孩生理和心理将要面临的变化，并详细说明了应该如何应对这些变化。

这是妈妈送给青春期女孩最贴心的礼物。本书内容针对9~18岁青春期女孩的特征和集中遇到的问题，对青春期女孩身体发育、性格特征及心理变化作出了深入浅出的科学解释。在卫生护理、情绪疏解、情感疏导、性格培养、安全教育、价值观树立、未来打造等方面，做了具体翔实的解读，一本书，足以教会女孩如何应对这一时期出现的所有问题。

这也是送给妈妈的书。

里面有千千万万个妈妈对女儿说的话，妈妈阅读它，可以知道在青春期应该如何和女儿相处，应该如何帮助她树立自尊自爱、自立自强的人生观。

第一章 小女初成：微笑迎接悄悄变化的自己

童稚尚未完全褪去，你却已经被时间推着走进了一个新的成长阶段。宝贝，这一切是不是有些不可思议？于是你开始惊慌失措，对这种变化既充满好奇，又感觉力不从心。其实，这就是成长。你的羞，你的恼，你那无奈的尴尬以及淡淡的哀愁，妈妈都曾经历过。宝贝别怕，只要你开口，妈妈就能读懂你的心，也能给你最好的关怀与帮助。

乳房是你的骄傲不是羞耻 / 002

流血并不是因为你受伤了 / 007

放心，你不会变成"毛孩" / 010

青春期体重增长是正常的 / 013

妈妈也曾不懈"战痘"过 / 017

这样做，将来你的声音才甜美 / 021

第二章 蓓蕾含羞：呵护好自己胸前的花朵

当你的胸部像种子一样生长之后，你是充满羞涩还是感到困惑？亲爱的女儿，你知道吗？乳房发育是每个女孩都要经历的正常生理现象，这是小女孩开始变成大女孩的标志。乳房，是生命之泉，是女性成熟与美丽的象征，乳房构成了女性特有的圆润、优美的曲线。在青春期这个乳房发育的关键时期，妈妈一定会和你一起好好呵护她，让她越发的健康与美丽。

胸部里的硬块不一定是病 / 026

胸部发痒千万不要用手挠 / 027

为什么乳晕周围会长毛 / 030

这样做，胸部发育才更健康 / 032

文胸是你呵护胸部的好帮手 / 036

青春期胸部两侧大小不一很正常 / 041

现在的你，千万不要盲目丰胸 / 043

目录 / Contents

第三章 红色烦恼：请好好招待自己的"好朋友"

宝贝，第一次"流血"，你吓哭了，妈妈却有些想笑了。我的女儿真的长大了。傻孩子，妈妈现在告诉你，女孩进入青春期之后，随之而来的子宫出血现象，叫月经，它是青春期来临的讯号，也是身体走向成熟的标志。别害怕，这种事情妈妈每个月都要经历一次，有足够的经验和把握帮助你顺利度过"初潮"这一关。

"好朋友"最初为什么总是不守约 / 050

每次"好朋友"来，我们要失多少血？/ 054

卫生巾，女孩子的莫逆之交 / 057

你喜欢运动就去吧，注意就好 / 060

"好朋友"来了，就别去游泳了 / 062

女孩子，要讲卫生常洗澡 / 066

生理期你完全可以安然入睡 / 069

隐私部位清洗，虽然麻烦但不能懒惰 / 071

洗液，你目前是不需要的 / 073

第四章 少女心思：说说那个叫"爱情"的东西

　　妈妈知道，早恋不是洪水猛兽，它越是压抑，就越膨胀，偷偷摸摸的爱情反而会让你们这些孩子觉得更具诱惑力，所以妈妈不会干涉你和男生适当的接触。事实上，妈妈也曾经历过情窦初开的妙不可言，所以当你青春的心灵开始萌动时，请相信妈妈善意的提醒，请允许妈妈帮你揭开那层神秘的面纱，也请你一定要保护好自己，避免不必要的痛苦和伤害。

对异性有好感别惊慌，学会处理 / 076

有没有男生给你递过小字条呢 / 079

现在的你，还不应该动牵手的念头 / 081

不要暧昧，即使长大以后也不要 / 085

"禁果"不好吃，绝对不能尝试 / 090

目录 / Contents

第五章 破茧成蝶：从今往后你要学会独自飞舞

孩子，你既然已经长大了，也就要开始慢慢学习独立了。在这个世界里，手心向上的人永远也把握不了自己的命运，或许妈妈不应该向你过多描绘它的现实，或许我应该尽可能地让你在童话世界里再多待一会儿，但强烈的责任感告诉我，我必须让你成为一个不受依赖感所困的女孩。因为只有这样，你才能在未来更好地生活下去。

遇到挫折时，不要哭泣 / 096

不要一味渴求别人的怜悯和帮助 / 100

任何人的离开，都不要伤害自己 / 105

只有自己赚的钱花着才最踏实 / 110

想得到的，要靠争取而不是索取 / 113

第六章 梦想起航：
你的未来还是交给你自己

　　孩子，也许妈妈现在和你谈人生，你会嫌妈妈唠叨，觉得为时尚早。但既然你已经长大，就应该为自己树立个梦想。现在的你，一定要首先考虑一下真正想要的是什么。假如这一切对你来说非常重要，能够被你视为理想，就千万不要轻言放弃，而是倔强而又优雅地将这条路走下去。

你来到这个世界是有意义的 / 118

愿你做个敢于追梦的现实主义者 / 123

智慧，是你一辈子都要培养的东西 / 127

做好每个选择，相信自己的每个决定 / 130

别人说的未必不对，也未必全对 / 136

只要决定的事，就不能虎头蛇尾 / 140

追梦的路上，谁都免不了经历坎坷 / 144

目录 / Contents

第七章 绝世独立：让自己成为一道特别的风景

孩子，妈妈相信，每个女孩当初都是天上自由快乐的天使，因为背负了特殊的使命才会降临人间。因此，任何时候，你都千万不要把自己看轻，不要为了迎合别人而改变自己，你应该坚信自己的明天必然会迸发出与众不同的绚丽。我相信，在不久的将来，你会成为世人面前的一道瑰丽美景，向整个世界证明你来到这个世界的价值。

你应该为自己是个女孩而感到骄傲 / 150

你的任务是为这个世界加入感性色彩 / 153

走自己的路，你的人生才更精彩 / 157

即便面临非议，也要奏出动听的旋律 / 161

不盲目从众，你将来才能出众 / 167

保持自我，过度模仿等于失去自己 / 170

记住，靠吃青春饭是行不通的！ / 174

第八章 蕙质兰心：你要知道什么才是真正的美

爱美是女人的天性，每个女孩子都有追求美的权利，而且是任何人不能剥夺的。但今天妈妈要说的是，对于美你一定要有自己的标准。真正的美不在于它金钱的价值，也不在于它有多少时尚文化的气息，而是在于它是不是能够满足你身上特质的需求。

请对生活怀有一颗感恩之心 / 180

看别人不顺眼，是你自己修养不够 / 185

属于自己的风格，才是永恒的时尚 / 189

耍个性也要看是不是符合时代的标准 / 193

根据自己的风格特点去设计形象 / 197

漂亮，只是为你的个性和气场服务的 / 201

漂亮不能跨界，美也要符合自己的年龄 / 205

第九章 忧心忡忡：一定要记得好好珍爱自己

孩子，这个世界的诱惑和危险太多了，妈妈为此忧心忡忡，无论如何，妈妈都会竭尽所能去保护你，但同时，也希望你好好珍爱自己，呵护自己。妈妈看了太多平静背后隐藏的陷阱，也明白那一张张诱惑的血盆大口究竟在等待着吞并谁。那是包裹在糖衣下的伤痛，妈妈希望你一生都不要触及。

孩子你要记得，世上没有免费的午餐 / 210

小心点，生活中到处是金钱铺就的陷阱 / 215

小便宜的背后，往往失掉的会更多 / 220

别因为好奇把自己推向无法逆转的悬崖 / 224

你这么漂亮，一定要保护好自己 / 229

慎用药物，有些药绝对不能吃 / 231

别过分贪凉，不然长大后有你好受的 / 236

第一章
小女初成：
微笑迎接悄悄变化的自己

童稚尚未完全褪去，你却已经被时间推着走进了一个新的成长阶段。宝贝，这一切是不是有些不可思议？于是你开始惊慌失措，对这种变化既充满好奇，又感觉力不从心。其实，这就是成长。你的羞，你的恼，你那无奈的尴尬以及淡淡的哀愁，妈妈都曾经历过。宝贝别怕，只要你开口，妈妈就能读懂你的心，也能给你最好的关怀与帮助。

乳房是你的骄傲不是羞耻

孩子,还记得前些年和你一起逛街,妈妈去内衣店买了件文胸,你当时问妈妈,为什么妈妈和你都是女的,可是妈妈要穿戴文胸,而你却不穿呢?当时妈妈和你说,大人才可以穿文胸。这个答案很明显是在搪塞你,不过当时在逛街,街上有那么多人,这个女儿家的私房话还是拿回家说的好。今天,妈妈就和你说说女人的文胸和乳房的事。

记得前些日子,那天你在洗澡,突然从洗手间里冲了出来,一脸的紧张,把妈妈吓了一跳。你见爸爸也在,就有些发窘,什么话也没说就拉着妈妈的手进了你的房间。话还没说,脸却变红了,妈妈,妈妈,我的胸部好像长了个小硬块,一碰还挺痛的,是不是长了什么瘤呢?你轻轻

第一章 / 小女初成：微笑迎接悄悄变化的自己

地说，大眼睛里闪烁着一丝惊慌。我紧绷的神经一下子就放松了下来，原来是你的胸脯已经开始发育了。于是我告诉你，这个小硬块不是瘤，是你的乳房在发育。而此刻躲在皮肤下的小硬块将来也会越长越大，慢慢就会变得和妈妈一样……你听完妈妈的话，似懂非懂地点点头。当一个女孩子进入青春期，雌性激素就会加快分泌，乳腺管开始发育，脂肪也开始在前胸堆积，渐渐地，前胸就会隆起，乳房就会成形。在乳房发育的过程中，必然会伴随着一些发胀、发酸甚至发痛的感觉，这都是很正常的事情，完全没有必要担心。

当然，不同的女孩乳房发育的状况也不尽相同，有的女孩到了十几岁胸部才开始发育，而有的女孩则在八九岁的时候胸部就渐渐隆起了。无论是发育早还是发育晚，都要记住，女孩子胸部发育是很自然也是很令人骄傲的事情，完全没必要难为情。可能有些懵懂的女孩子会对你微微隆起的胸部指指点点，但是你不要理睬她们，更不要在意，当她们的胸部发育起来的时候，她们自然就会明白这是怎么一回事。千万不要因为怕羞或者难为情就含胸或者穿紧身衣把胸部约束起来。妈妈和你一样大的时候，同班有一个同学长得很漂亮，个子也很高，从前面看就是一个亭亭玉立的小姑娘，但是再从后面或者侧面看，就很不好看了，她因为总是哈腰含胸，所以时间长了之后就有些驼背了！一个花季小姑娘，居然是个驼背，这是一件多么令人惋惜的事情啊！后来这个女孩长大之后因为驼背的问题很难找到心仪的男朋友，给她造成了很大的困扰。有一次，这个女孩在同学会上很懊恼地对其他女同学说："哎，都怪当时年纪小，总觉得在别的女孩子的胸部都没有发育的时候自己的胸部先鼓起来是一件很丢人的事，所以总是哈腰含胸，结果影响了身体的正常发育，到现在都矫正不过来。"所以，千万不要虐待自己的胸部，无论是出于什么原因，你的胸部和身体都正处在发育的黄金期，一着不慎就可能会造成终生的遗憾。

除了要用正确的态度面对乳房发育，你还应该明白如何保护好自己的乳房，让它们更好、更健康地发育。

1. 在这个时期，乳晕渐渐变大，处在乳头和乳晕周围的组织渐渐隆起，乳房内部的小硬块开始慢慢长大。稍微碰一下就会觉得疼，所以为了避免疼痛并促进乳房正常发育，要保护好乳房，注意在活动中要避免被撞击或者

第一章 / 小女初成：微笑迎接悄悄变化的自己

挤压。

2. 你应该明白乳房应该是女孩子的骄傲而不是羞耻，所以，无论是在走路还是坐着，都尽量保持挺拔的姿势。走起路来要提臀收腹、昂首挺胸，坐下来的时候也不要弯腰驼背，睡觉时应该选择仰卧或者侧卧，尽量不要俯卧以免挤压到乳房，影响乳房的正常发育。

3. 在乳房发育的过程中，难免会出现乳房发胀发痒的情况，这时候要记住，千万不要用手去挠，以防造成伤口感染。最好的方法就是用温水对乳房进行一次温柔的清洁。

4. 很多女孩在胸部发育的过程中都会出现两边乳房发育不均衡或者不尽理想的情况，解决这些问题的方法并不难。适当对胸部进行按摩，做一下扩胸健美操或者俯卧撑运动，都可以让问题得到改善。如果情况比较严重，告诉自己的妈妈，妈妈会带你去向专业医生进行咨询。

5. 许多爱美的女孩子都希望自己能够瘦一点，所以在饮食的时候会刻意避免脂肪和蛋白质的摄入，殊不知，这样做的恶果就是乳房的发育会受到极坏的影响，很可能会导致胸部因营养成分摄取不足而偏小，到时再后悔就迟了。所以，为了使乳房更好地发育多吃些有营养的食物、水果，减肥的事，等到你成年之后再做也不迟。

6.当你处于青春期的时候，胸部正在发育，所以在这个时期，你还不能穿戴成年人的文胸，女孩子的文胸应该是棉质的，不能太紧，当然也不能太松，松了可能会导致下垂。

说了这么多，还只是在告诉你青春期的乳房护理知识，不是妈妈懒惰，而是因为关于乳房的护理，在人生的每个阶段都有不同的护理重点，渐渐长大成熟的你已经不需要妈妈说太多。但是，最后妈妈还是要唠叨一句，无论到何时，都要学着让自己的压力变得最小，同时赶走坏情绪，这两个坏家伙不但可能会让你的乳房发育异常，甚至对你的身体健康伤害都是极大的。

第一章 / 小女初成：微笑迎接悄悄变化的自己

流血并不是因为你受伤了

孩子，那天，你突然发现自己的内裤上出现了血迹，一片深红的颜色。你很害怕，也很担心，因为血在你的印象里，一直是与疾病和死亡有关系。你悄悄把妈妈拉进你的卧室，难过得快要哭了，你问我："妈妈，为什么内裤上会有血迹，它是从哪里来的？是因为我受伤了吗？"

当妈妈告诉你这是月经以后，你感到很迷茫，"什么是月经？为什么长大以后，身体总会出现奇奇怪怪的变化，先是胸部慢慢变大了，现在内裤上又突然出现血迹！"当时，邻居宋奶奶来家里做客，妈妈没来得及和你细说。现在，妈妈就跟你讲一讲这是怎么一回事。

下身出血，是每一个女孩在进入青春期之后都会遇到的情况，是女孩真正进入青春期的标志。其实，说"下身出血"并不科学,它其实是近乎伴随女孩半辈子的朋友——月经。

女孩的第一次月经,叫作初潮,又称为初经。初潮的出现代表着你已经步入了青春期,也标志着你的身体正在经历着青春期的变化。

初潮的出现,是因为青春期的女孩卵巢分泌的性激素作用使子宫内膜发生了周期性变化,每月脱落一次,脱落的黏膜和血液经过阴道排出体外,这种人生第一次的出血现象就称为月经初潮,它是青春期到来的重要标志之一。

女孩出现第一次初潮,表示女孩的生殖系统开始工作了,不过这个时期女孩生殖系统的功能还没有完全地成熟,所以在初潮之后的相当长一段时间内,月经每个月出现的周期常常不大规律。在初潮过后,到第二次月经来潮,中间往往隔了数月,或者半年以上,有的还会达到八九个月,甚至有些女孩隔了一年,当然也有在这段时间内出血不断的情况。出现这些情况这都是正常的,所以你不必为此而担心,这是因为卵巢功能还没有健全的缘故,一般等到卵巢的功能逐渐成熟之后,大概两年的时间,这种月经周期不规律的现象就会逐渐正常。

第一章 / 小女初成：微笑迎接悄悄变化的自己

当身体出现第一次出血之后，从那一刻开始，你就必须清楚地认识到，需要注意保持卫生，尤其是生理期的卫生。平时，你一定要尽量保持清洁。女人的生理结构，相对来说比较复杂，身体的各个器官都比较脆弱，只要稍不注意就可能会引起妇科器官的生理和结构紊乱，进而引发妇科病。所以关于卫生问题，你一定要注意！

另外，作为过来人，妈妈再给你生理期提几条建议。

1. 尽量别做剧烈运动

应避免长时间骑车、跑步等过度激烈的活动，避免可能造成的疾病，例如子宫内膜出现的一些病症，关于这一点，你一定要多加警惕小心！

2. 适度自我放松

初潮容易让人感到情绪紧绷、脾气暴躁，你要找到适合的抒发方式，并且保持良好的情绪，以正确的心态来度过经期，这样才能有效地缓解经期出现的各种不良情绪。

3. 要好好休息

妈妈知道你功课繁重，但这段时期不要让自己太累，同时要注意保暖，尤其是腹部、腰部，预防受凉导致妇科疾病，这一点你要多加注意，身体受凉往往是女性疾病出现的源头。

　　总而言之，你要认识到，月经是每个女人的好伙伴，所有生理期初次到来的女孩，都会经历不舒适、不习惯以及恐慌，然而生理期的到来象征着身体的成熟、生理的转变，所以其实是非常重要的时刻！所以，此刻对于自己，你更应该要多多关心，做好足够的自我保健，保养好自己的身体。

放心，你不会变成"毛孩"

　　时间过得真快，转眼间我的小丫头已经变成大姑娘了，胸部微微隆起了，月经初潮也来过了，妈妈真觉得自己老了。接下来，你可能还要为一个问题苦恼，那就是，有一天你可能会突然发现，自己的胳膊上还有大腿上开始长毛了，细细小小的，一撮一撮的。妈妈怕你又会苦恼，觉得

第一章 / 小女初成：微笑迎接悄悄变化的自己

自己会变成"毛孩"，或者害怕自己长大以后会长得像男人一样，所以，还是提前跟你讲解一下吧。

女孩进入青春期以后，由于身体发育较快，随着体型、生理以及内分泌的变化，身体就会出现较为显著的改变。在这一阶段，第一性征逐渐发育成熟，比如你已经经历过的月经初潮。同时，第二性征也开始发育，身体产生更多变化，比如乳房隆起、声调变高、臀部及大腿肌肉发达、脂肪丰满等。同时，女性体内激素分泌出现不平衡，雄激素增高，刺激毛囊，体毛增多。这确实导致许多青春期女孩为自己面部、手臂、腿部毛发较多而烦恼。

虽然在我们的印象里，女人的皮肤应该是细嫩光滑的，但事实上，有相关统计表明，女孩进入青春期以后，有30%左右会出现手臂毛发粗黑现象，有70%左右会出现小腿毛发粗黑现象，有小胡须的也有30%左右。而在这些女孩中，有95%属于生理性的，她们大多有家族史，但无男性化表现的其实无须做特殊治疗及干预。一般来说，等到青春期过后，体内激素水平趋于稳定，就会正常了。

其实，毛发是我们皮肤的附属器官，它的存在是很有意义的，其普遍功能是协助排汗和保护皮肤，各个部位毛发的生理功能还各有侧重。手臂及腿部的毛发可以阻挡灰尘，减少皮肤感染和外伤。腋毛可遮挡保护该处皮肤，并在手臂运动时起缓冲作用，保护腋下重要神经、血管、浅表淋巴结。所以若是没有特殊情况，根本不需要特别处理的。

不过，你要多加留意，妈妈也会时时注意，如果出现了体毛异常多并有男性化的表现，或是出现月经紊乱、痤疮明显、肥胖，甚至有血糖、血压异常等情况，我们就要尽早到医院做相关检查，把它纠正过来。

下面，妈妈再教给你一些提高体内雌性激素的方法，以预防将来你体内雄性激素分泌过多的现象出现。

1. 每天喝一杯豆浆。中国人的特殊体质对于豆浆的吸收特别好，在所有的豆制品中，豆浆最能够增加女性雌性激素的含量。

2. 多吃木瓜。木瓜对于青春期女孩来说，最令人广知的功能可能是丰胸，但是木瓜也是提高体内雌性激素含量的佳品之一，同时可以和牛奶搭配食用，具有很高的营养价值。

3. 多吃鱼类等含有丰富蛋白质的食物。鱼类不仅能够

第一章 / 小女初成：微笑迎接悄悄变化的自己

增加体内的蛋白质，而且能够有效地补气活血，增加体内的雌性激素的含量。

青春期体重增长是正常的

前几天和张阿姨聊天，听她说起你小丽姐姐的事情，不免也有些为你担心。你小丽姐姐进入青春期之后，稍微长胖了一些。一米六的身高，体重逼近 60 公斤，整个人看起来有点肉肉的，但也说不上胖。班级的同学开玩笑称她为"小胖子"，她心中非常烦恼，甚至有点自卑了。

为了摆脱"小胖子"的称号，你小丽姐姐下定决心减肥，由于学业繁重，她没有太多的时间去参加体育运动，于是想通过节食减肥。她开始早上不吃早餐，中午只吃一小碗米饭和青菜，晚上再吃一个苹果。半年的时间，她减掉了大约 10 公斤体重，的确减肥成功了，她现在看上去瘦瘦的，但是她的身体却亮起了红灯，常常头昏眼花，呼吸急促，容易感到疲劳，月经的周期也越来越不稳定，甚至有好几个月都没有来月经。

事实上，青春期的时候，女孩的身体到了一个发育的黄金期，体重都会比之前重一些，这根本没什么可担心的。但许多女孩像你小丽姐姐一样，都是"以瘦为美"，所以在关注自己容貌的时候，也慢慢开始在意自己的身材，希望拥有苗条的身姿。你们这个年龄的女孩大多都在学校里学习，学校的作息时间又很固定，所以她们的减肥方式一般都是节食，希望通过不吃东西达到减肥的目的，维持苗条的身材。然而，青春期的时候，女孩每日三餐摄入的食物除了用来维持正常的生理活动之外，还要为生长发育提供足够的能量，在这个时期，由于生长速度非常快，因此对能量和各种营养素的需求明显增加。所以，通过节食来减肥，无疑是非常伤害身体，并影响成长的。这就是妈妈的担心，妈妈不希望你在遇到这个问题的时候，也盲目地效仿别人节食减肥。

事实上，盲目减肥的危害很大。刻意减肥的女孩会少吃或者不吃高脂肪、高胆固醇的食物，为了达到很标准的

第一章 / 小女初成：微笑迎接悄悄变化的自己

身材，甚至也不及时补充碳水化合物，比如米饭、面食、豆类食物以及鱼、蛋、肉等，不仅造成每天的热能供应不足，而且会造成身体蛋白质的缺失，难以满足身体正常发育所需要的营养。

在盲目地节食减肥的过程中女孩的身体营养不足，打乱了身体原本正常的生殖内分泌调节功能，严重的还会出现"低促性腺性闭经"的症状，影响女孩在未来的生殖功能。因为青春期女孩的下丘脑—垂体—卵巢这条生殖内分泌轴还尚未完善，容易受到不同程度的影响，进而引起月经紊乱甚至闭经。

妈妈也是从你这个年龄过来的，青春期女孩注意自己的身材并不是过分的要求，因为每个人都有追求美的权利，所以有减肥的要求也是情有可原，但是千万注意不能盲目减肥。如果将来你过于肥胖了，妈妈给你提几点建议。

1. 不要使用不恰当的减肥方法

市场上的一些减肥方法，比如医院的抽脂手术、药物减肥和剧烈运动减肥对于青春期的女孩而言都是不可取的，这些减肥方法都容易导致身体的发育不良，从而产生各种疾病！

2. 不要采用饥饿减肥法

你这个年龄的女孩正处于身体发育的关键时期，身体需要大量的营养，如果采取饥饿减肥法，会阻碍身体的正常发育，导致身体的第二性征以及身高，甚至身体的各个器官和部位等都发育不良。

3. 多参加运动

多参加户外的活动，既能够锻炼身体，又能够增大热量的消耗，保持苗条的身材。现在的学校硬件设施充足，具有非常好的运动条件，可以利用体育课或者课余时间进行体育锻炼。

说了这么多，妈妈就是想让你知道，盲目减肥是不可取的。虽说爱美之心人皆有之，但还是要树立正确的审美观，不能因为追求所谓的"骨感美"而过分节食，想要保持苗条的身材，最好还是通过合理饮食及坚持适当的运动来实现。

第一章 / 小女初成：微笑迎接悄悄变化的自己

妈妈也曾不懈"战痘"过

　　这几天，你原本白白净净的小脸上冒出了几个红扑扑的小痘痘，妈妈发现，原本爱说爱笑的你突然变得沉默寡言了。怎么了？是不是你的好朋友小芳笑话你了，还是你觉得脸上长痘痘自己就不美丽了？妈妈告诉你，痘痘是青春赠予每个女孩的印记，是每个女孩在进入青春期后都无法避免的问题，妈妈的整个青春期也是在痘痘的陪伴下度过的。现在妈妈就来告诉你，青春期脸上为什么会长痘痘。

　　1. 你近期为了备考，经常熬夜学习，压力又大，妈妈看在眼里，疼在心里。其实，这很可能就是你脸上长痘痘的原因。熬夜和情绪波动都会造成人的内分泌失调，痘痘不知不觉就产生了。

　　2. 女孩到了生理期，长痘痘是平常事，因为生理期的时候，身体里的分泌系统会因此突然发生改变，所以痘痘就出来了。

3. 有的女孩是油性皮肤，油性皮肤的皮脂腺非常发达，皮脂的分泌也非常旺盛，而且毛孔特别粗大，皮肤的角质也比其他皮肤厚重，一到了夏天，油性皮肤会不断地出油，皮脂分泌过旺容易导致毛孔被堵塞，出现排油不畅的情况，皮脂在毛孔中不断地累积、突起，最后也就长成了痘痘。

4. 另外，还有些其他原因，是妈妈有能力帮你把控的，比如：

①选择了不适合自身肤质的护肤品。青春期的女孩慢慢也到了一个爱美的年纪，常常会选择使用护肤品来护理面部的肌肤，希望自己的皮肤变得白白嫩嫩的。但如果选择了一款并不适合自身皮肤的护肤品，涂抹在脸上之后，就容易对皮肤造成一定的伤害。作为过来人，关于护肤品，妈妈会帮你把关挑选。

②摄入的食品营养不均衡。许多青春期的女孩开始注意起自己的体重和身材，不希望自己变成一个小胖子，有些女孩常常选择节食，很容易引起体内缺乏维生素，引发小痘痘。

第一章 / 小女初成：微笑迎接悄悄变化的自己

③不注意个人卫生。有些女孩不注重个人卫生，不注意皮肤的清洁，或者不明就里地滥用一些碱性用品，这样容易让脸感染细菌，引起毛囊的堵塞，引发痘痘的产生。

这听起来好像很麻烦，其实只要平时多注意，把这些细节问题都做好，痘痘是无法破坏你的美丽的。下面妈妈就再跟你说说我的"战痘"经验。

1. 一定要特别注意个人卫生。衣服、枕巾和被罩等有可能接触到皮肤的东西，一定要经常换洗，洗好之后最好在阳光下晒一晒。经常用来擦脸的毛巾定期要用开水泡一泡。

2. 皮肤的日常清洁要做到位。平时洗脸的时候，要使用适合自己的洗脸皂或洗面奶。一般做法是把洗面奶或者洗脸皂在手心揉搓出泡沫，再用海绵使泡沫增加，接着用海绵从脖子、嘴巴四周、下巴、脸颊、鼻梁等处顺序轻刷，最后用温水冲走泡沫，再用冷水拍脸。

另外，你已经开始使用化妆品了，这没有什么不好的，不过一定要记得在晚上入睡之前必须卸妆，不能让化学物质残留在肌肤里；卸妆和洗脸最好甚至是必须分别进行。

3. 脸上长痘痘，先不要急不要慌，也不要用手挤压青春痘,因为手上的细菌很容易通过痘痘的伤口传播。不要擅自使用外用药物,有必要的话,妈妈会带你去咨询医生,咱们要听从医生的指导。

4. 在饮食方面,妈妈建议你:少吃含有刺激性激素的食品,如膨化食品、可乐、咖啡、奶酪等;少吃脂肪和糖类食品,少吃油炸食品;少吃葱、蒜、辣椒等刺激性辛辣的食物;多吃含有维生素的水果和蔬菜,多吃白萝卜、胡萝卜、红薯、玉米、倭瓜等;多吃黄瓜,黄瓜有排毒的功能;多喝蜂蜜水。

5. 妈妈希望你尽量不要熬夜,一定要注意夜间的休息,提高睡眠的质量,但也不可贪睡,其实8小时的低质量睡眠,真的不如6小时的高质量睡眠来得有效呢。

6. 保持心情的愉悦。妈妈知道,处于青春期的你往往情绪波动比较大,可有时候低沉的情绪会直接影响到皮肤。所以为了战胜痘痘,妈妈希望你尽量保持开朗、乐观,避免一切不良的情绪。

总之,妈妈希望你能明白,青春期的时候,我们与痘痘的战争会持续很长一段时间,"战痘",我们需要细心和耐心。

第一章 / 小女初成：微笑迎接悄悄变化的自己

这样做，将来你的声音才甜美

前些天你放学回来，对妈妈说，你的同学悠悠嗓子"坏了"，现在说话很难听，你还很奇怪地问妈妈："悠悠的嗓子都坏好多天了，怎么不见好呢，为什么她不去看医生？"妈妈当时没深想，今天你又提起这个问题，妈妈才突然想到，她应该是进入变声期了吧。

随着年龄的增长，每个女孩都要由奶声奶气的声音变为成人的声音，这是青春期成长的一个必然阶段，你也一样，所以妈妈提前给你打打预防针，免得你到时以为自己的嗓子坏了，又哭鼻子。

声音变哑主要是在青春期的时候，这时声带正处于一个发育的时期，也称为"变声期"，变声期一般是指13～15岁，最迟到16岁左右，此时因为喉头和声带的增长，并且伴随着声音的嘶哑、音域狭窄、发音的疲劳、局部的充血水肿、分泌物突然增多，从而导致说话、唱歌时的声音与儿童时代不同，并且持续半年至一年的时间。这是正常的现象，所以你不要因此感到害怕。

不过，因为这个时期的声带显得异常娇贵，稍微不注意，就会出现充血、水肿的现象，所以这个时期保护好声带显得非常重要。下面妈妈就来教教你，青春期怎么保护自己正在变化的嗓子。

1. 避免大声说话

大声说话，无论是对你的嗓子，还是对于身体，或者每个人个性或者社会影响来说，都没有什么益处。

首先，大声说话对声带的发育不好，大声说话很容易造成声带的受损，使嗓音变得沙哑无力，而且喉咙也容易发炎，同时也会引起身体的一些慢性疾病，比如为高血压、心脏病等埋下伏笔。

其次，高声说话不仅会显得自身没有礼貌，而且对于他人来说也是一种不好的影响，会影响听话人的情绪，给别人留下聒噪的坏印象。

最后，从自身的健康来考虑，大声说话除了会对声带

第一章 / 小女初成：微笑迎接悄悄变化的自己

的发育不好以外，对于人体的情绪也有不好的影响。容易使人的情绪变得激动、焦躁，伤害肝脏和脾，同时影响到人体分泌以及机体组织的正常运动，对健康造成不好的影响。

风度翩翩、声音优美的费玉清，为了保护自己的嗓子，可是几十年里从不大声说话的，妈妈希望你也有毅力、有恒心坚持下去。

2. 要像煲耳机一样煲自己的嗓子

不要用嗓过度。说话时要保持适宜的音量和音调，最好是匀速说话；改掉不正确的清嗓习惯。发音的时候要使用科学的方法，交替使用高、中、低音。限制每天的说话时间，减少不必要的长时间聊天和打电话；平时的时候，使用适当的音量说话；虽然声音不能过高，但是悄悄话也不是正确的说话方式，因为刻意压低声音对声带也是一种损伤。

同时，少吃或者不吃辛辣刺激性的食物，少吃或者不吃酸、辣、苦的食物，少吃比如炒花生仁、爆米花、锅巴、坚果类以及油炸类硬且干燥的食物；多吃软质、精细的主食和副食。

3. 注意对嗓子的细节保护

首先，你要注意喉咙的保暖，防止感冒，尤其是在寒冷的冬天，一定要注意保暖，穿低领衣服的时候，记得戴上围脖，避免口腔和喉咙受冷。要知道，着凉和感冒都会加重声带的肿胀和充血。

其次，要注意劳逸结合，不仅要积极参加体育活动，每天进行体育锻炼增强体质，而且每天的生活要有规律，要保证充足的睡眠，每天要保证7小时以上的睡眠时间，尽量不熬夜，这些对声带的生长发育都是很有好处的。

最重要的，想要让自己的声音听起来很甜美、有魅力，要慢慢提升自己的谈吐和气质。如果一个人没有相应的谈吐和气质，再好的声音条件恐怕也会大打折扣。因此，就像妈妈一直告诉你的那样，在与人交谈的时候，应该多用一些礼貌词汇和句式，加上优雅的气质和风度，你就会越来越招人喜欢。

第二章
蓓蕾含羞：
呵护好自己胸前的花朵

当你的胸部像种子一样生长之后，你是充满羞涩还是感到困惑？亲爱的女儿，你知道吗？乳房发育是每个女孩都要经历的正常生理现象，这是小女孩开始变成大女孩的标志。乳房，是生命之泉，是女性成熟与美丽的象征，乳房构成了女性特有的圆润、优美的曲线。在青春期这个乳房发育的关键时期，妈妈一定会和你一起好好呵护她，让她越发的健康与美丽。

胸部里的硬块不一定是病

进入青春期以后,你会发现自己的胸部出现了一个硬硬的硬块,只要用手轻轻地按压乳房,就能够感觉得到。这不是什么可怕的东西哦,而是乳房里的乳核。

青春期女孩乳房的发育一般是从乳头开始长大的,最开始的时候会形成一个乳核,摸上去感觉有一个结节或者小硬块,轻轻地按压会有一种疼痛感。

有乳核是很正常的现象,有硬硬的感觉是因为胸部的腺管还没有发育完全,青春期过后,乳核一般会发育完全,但不会消失,对人体健康没有什么影响,大致等到结婚怀孕之后,会慢慢地趋于正常。

不过有一种情况需要注意!如果发现自己胸部的硬块不像是青春期发育的状况,那么可能就已经出现了一些病状,一般称为病态乳核,在医学上又称为"乳痰""乳栗"

第二章 / 蓓蕾含羞：呵护好自己胸前的花朵

等，一般多发于乳房发育的年龄。

病态乳核在一开始的时候，通常多发生在一侧乳房的偏上方，一个或多个，摸上去，小的感觉就像梅子，大的就像李子，质地较硬，但是摸上去没有疼痛感。大约几个月后，肿块会慢慢增大，皮肤微微显现出红色，并且皮肤变得很软，有乳核一侧的乳房有肿大的结块。轻微的有一种胀痛或者刺痛感，严重的则有一种如刀割的痛楚，等月经结束之后，胀痛就会消失或者减轻。

如果出现了这种状况的话，你一定要及时告诉妈妈，我们需要及时去医院进行治疗。

胸部发痒千万不要用手挠

很多青春期的女孩可能都会遇到这样一个问题：乳房发育以后，有时胸部会莫名其妙地一阵阵发痒，而在大庭广众之下、在课堂上，又不好意思用手去挠痒，于是整个人都坐立不安，直接影响到学习。一些女孩害羞腼腆，又不好意思和妈妈说，只以为是自己生了什么不好的病，因此产生了很大的心理负担。

妈妈现在告诉你，这是一种正常的生理现象，而不是由什么病症引起的，所以当你遇到这个问题的时候，不要慌乱。妈妈给你解释一下。

造成乳房发痒的原因有很多：

首先，大多数女孩的乳房在发育时，乳晕也在发育，它聚集了很多的腺体，会分泌出油脂一样的物质，刺激乳房的局部皮肤，引起痒的感觉。

其次，有些女孩佩戴化纤材料制作的内衣，耐热性、吸湿性、透气性较差，导致乳头透气不良，胸部汗水排出不畅，引起乳头发痒。

再次，有些女孩使用香皂清洁乳房，香皂本身化学物质的作用破坏了皮肤的组织，从而引起乳房皮肤干燥和痒的感觉。同时，使用低质量的沐浴露和香皂也会导致发痒的状况。

最后，从中医的角度来说，胸部发痒的情况主要发生在女孩月经来潮前后或者正值经期，是由于肝的作用影响的。

第二章 / 蓓蕾含羞：呵护好自己胸前的花朵

有些女孩在胸部发痒的时候会用手去挠，妈妈现在告诉你，千万不要这样做。因为我们的手是接触世界万物的媒介，免不了沾上了许多细菌，如果直接用手挠胸部，就会把细菌带到胸部，可能会越挠越痒；另外，用手挠胸部，容易对胸部肌肤造成伤害，胸部也有很多的神经系统，万一挠破了皮肤，引起一些病症就更不好了。

所以，我们防止胸部发痒的最好办法就是注意乳房的卫生与保健。

1. 乳房本身的卫生与保健

乳房发痒可能是油脂物质在作怪，所以我们要定时地清洗乳房，养成勤洗澡的好习惯，在洗澡的同时，轻轻地对胸部进行清洗，但清洗的频率不宜过高，天天清洗容易造成胸部皮肤的干燥和营养流失，揉搓的力度不宜过大。

如果发痒的程度比较严重，而且胸部的皮肤出现了红肿、疼痛或者严重的皮疹情况，及时告诉妈妈，妈妈会带你去医院进行就诊。

2. 注意内衣、胸衣的卫生

不合适的内衣、胸衣或者质料较差的内衣、胸衣，都可能会造成胸部发痒。所以平时一定要选用适合自己的内衣、胸衣，妈妈会督促你挑选较柔软、透气性较好的棉织品，而你也要记得定期更换，清洗后最好放在阳光下暴晒杀菌。另外，你的内衣和胸衣不要与其他衣物放在一块儿清洗，否则容易造成细菌交叉感染。

为什么乳晕周围会长毛

给你讲一件妈妈少女时期的糗事：

妈妈胸部发育的时候，有一段时期，炎热的夏天，妈妈每天早上在镜子面前都要犹豫很久，犹豫要穿什么样的衣服，因为这几天在洗澡的时候，妈妈意外发现自己胸部的乳晕部分长出一圈细小的毛。

那时候，你姥姥、姥爷在外面工作，妈妈大多时候和你太姥姥、太姥爷生活在一起，这种事情妈妈也不好意思

第二章 / 蓓蕾含羞：呵护好自己胸前的花朵

跟他们提起，而且也不好意思跟老师商量，更不好意思跟小伙伴商量，所以一直都自己纠结着。

那时候妈妈真的十分困扰，不知道自己是怎么了，也不知道应该怎么做，我甚至想把乳晕上的毛拔掉，但是又怕拔掉对身体会有不好的影响。很长一段时间，妈妈上课常常走神，无法专心听讲，成绩都受到了影响，而且脾气也变得非常不好。后来，还是你姥姥回来了，妈妈才解开心结，才知道，几乎所有女孩都会有不同程度的乳毛生长问题，有的女孩是乳头旁边簇生着几丛细细的绒毛，就像是桃子上的毛一样，有的女孩则有比较明显而且较长的汗毛分布在双乳之间。

姥姥告诉妈妈，青春期女孩的乳晕周围都布满了毛囊，在身体发育的时期，身体里的激素增多，乳晕也会跟着身体的发育而开始长毛。女性乳晕长毛要视具体情况而定，一般来说，毛发清淡、数量少，大约不超过十根，就不需要过分担心。一般在更年期之后，乳晕上的毛生长会逐渐缓慢，并且随着年龄的增长会逐渐消失。

说这些，妈妈只是希望你能明白，如果女孩在青春发育期，各个方面的发育都很正常，月经也正常来潮，仅仅在乳晕的部位长出几根粗毛，这可能跟发育期内激素分泌功能过于旺盛有关，一般可不必刻意处理。不过有一种情况你要注意，如果在某一段时间内，乳毛突然增多，则有可能是内分泌失调引起的。据妈妈所知，最严重的乳晕周围长毛的情况，是出于一种病理性的原因，医学上称为多囊卵巢综合征，主要表现有多毛、乳晕周围长毛；月经失调、月经周期不稳定，月经流量稀少，更有可能出现闭经的症状，这是因为体内激素分泌过高。它还有可能导致日后不孕。出现这样的情况，你一定要及时告诉妈妈，我们尽快去医院进行就诊。

这样做，胸部发育才更健康

青春期是女孩身体发育的黄金时期，也是胸部发育的关键时期，尤其在乳房刚刚开始发育的时候，一般是要经

第二章 / 蓓蕾含羞：呵护好自己胸前的花朵

过 4～5 年才定型，妈妈自然是希望你能拥有一个完美、健康的胸部，那么，我们就一定要好好呵护它。妈妈知道，你对于胸部保养的知识还知之甚少，那么，就让妈妈给你讲解一下我们都应该注意些什么吧。

1. 不要束胸

很多像你年龄这样大的女孩子，进入青春期之后，不但在生理上发生了巨大变化，心理上也会出现许多变化，尤其对逐渐发育的乳房非常敏感，觉得乳房高高隆起与自己的学生身份不相宜。所以，试图用束胸的方法阻碍乳房的正常发育。

宝贝，你千万不要效仿！这样做危害极大，乳房在胸大肌的前面，过后是肋骨和肺，把胸部和乳房紧紧束缚住，会直接影响乳房的发育，导致乳房出现凹陷或者形成小乳头，造成婚后哺乳的困难，同时也会影响胸廓的发育，并且使肺器官的发育受到限制，从而影响了它们的功能。

2. 在合适的时间戴上合适的文胸

现在，你的乳房刚刚发育，还不适合戴文胸。文胸戴得过早或不合适，都会影响乳腺的正常发育。一般来说，等你到了 16～18 岁，乳房上底部经乳头至乳房下底部的距离大于 16 厘米时（用软尺测量），就可以戴文胸了。

选择文胸除了要考虑样式，更要考虑文胸的质地。棉质类文胸具有质地柔软、吸汗性强、不刺激皮肤、通透性能好等优点，有利于保护乳房，避免擦伤皮肤。选用文胸型号应大小合适，过大起不到作用，过小、过紧对乳房健康均有一定危害。

3. 注意乳房卫生

要经常清洗乳房，及时清洗乳晕上的油脂样物质和乳房皮肤上的汗液；要经常换洗内衣。不要挤弄乳房或抠头，以免发生感染。

4. 增强身体的营养

在乳房发育的关键时期，要重视饮食和营养的摄入，这不仅对乳房发育有很大的益处，而且对全身各系统、各器官的发育都有非常大的好处。所以，不能再挑食了，要保证均衡的膳食。妈妈会适当地多给你做一些富含胶原蛋白的食品，比如猪蹄、鸡翅等。

5. 积极锻炼身体

适当的运动能够促进你的乳房正常发育，并能增进健康，而且是最方便又经济的健胸方法。每天坚持做扩胸运

动或双手拉弹力器锻炼胸部肌肉,会使胸部肌肉变得发达,从而使乳房更加丰满和富有弹性。另外,走路时要抬头挺胸,收腹紧臀;坐也要挺胸端坐;睡眠时要仰卧或侧卧,不要俯卧,以免压迫乳房。

6. 保护你的乳房

妈妈需要特别叮嘱一下,在学校、在教室,或者在走廊、操场上嬉戏打闹的时候,一定要注意保护自己的胸部。尽量不要让任何人碰撞到自己的胸部。上体育课的时候,也尽量注意不要让体育器材或者各种情况碰撞到自己的胸部,避免撞击和挤压伤。

总之,乳房是女孩身体非常重要的一部分,关系到你成年以后的为人妻母,而青春期又是乳房发育的关键时期,如果保护不好,不但胸部很有可能小小的、没有弹性,而且将来对哺育子女都可能造成影响。所以在这个时期,妈妈会和你一起努力,呵护好你的乳房,不让它受到伤害。但是,妈妈只能起到辅助作用,你的胸部将来有多健康、有多美,还是取决于你自己。

文胸是你呵护胸部的好帮手

丫头,你的胸部开始发育,最初像荷包蛋的时候还可以穿一些背心,只要能盖住突出的乳头就好。而随着胸部的发育,就应该考虑穿文胸了。因为乳房没有肌肉组织,只有腺组织和脂肪,支撑它们的是结缔组织。这种结缔组织像一张绷紧的纤维网,起着支撑的作用。但是,它和肌肉组织不同,没有弹性。因此,如果乳房发育日趋成熟时,还不用文胸支持乳房,就会使乳腺负担不均匀,妨碍乳腺内正常的血液流通,造成部分血液瘀滞,引起乳房病。剧烈运动时如不戴文胸,容易使乳房受到创伤,而任何一种创伤又可能引起乳腺炎。

一般来说,等你到了十六七岁,乳房发育到一定程度时,就应当戴文胸了。标准之前妈妈说过,用软尺测量乳

第二章 / 蓓蕾含羞：呵护好自己胸前的花朵

房上底部经乳头到乳房下底部的距离，如果大于 16 厘米，就可以戴文胸了。

不要嫌麻烦，恰当地穿戴文胸，对你的乳房和身体是非常有好处的。

乳房是娇嫩、敏感的、体表柔软的脂肪性器官，不能够直接与别的东西接触，特别是硬的物品。在日常的生活和学习中，乳房非常容易受到撞击和挤压等伤害，佩戴文胸能够起到保护乳房的作用。

在剧烈的体育运动或者劳力劳动的过程中，乳房容易受到震动，佩戴文胸能够增加胸部的稳定性，减轻震动的伤害，保护乳头不受擦伤或碰痛；并且在秋冬季节，文胸对于胸部的皮肤还有保暖的作用。

乳房是女孩身上最柔软的、自身最缺乏支撑力的器官，常常随着走路和跑跳而左右摇摆，上下晃动。由于过分甩动会牵拉到乳房的腺组织，会影响到乳房的血液循环，所以，佩戴文胸能够起到一定的支撑作用，保护乳房的稳定性，也可以预防乳房下部血液瘀滞而引起乳房的疾患。

好的文胸，能够弥补女孩在体形上的缺陷，因为文胸可以调整乳峰的高度和位置，防止两侧乳房出现一上一下的现象，避免尴尬。

不过，戴文胸也是有讲究和学问的，接下来，妈妈就跟你细说一下。

B1 期

青春前期，仅有乳头隆起，这个时候，穿普通的衣服就可以了。

B2 期

乳房和乳头微隆，乳房里有小小的硬块，乳晕直径增大，称为"乳芽期"。这个时候，也可以穿普通的衣服。

B3 期

乳房和乳晕继续增大，乳房大概有"小笼包"的大小，这时夏天穿件单衣就有明显的隆起了，所以需要穿胸衣。不过这个胸衣不是妈妈穿的那种胸罩，你可以去商场买那种纯棉的小背心，用两三层比较厚的棉布叠起来，略微有些紧身，算是件背心式的文胸。

B4 期

乳房继续增大、突出，这时我们就要去商场买少女式文胸了，最好不要有钢托的那种，也不要有很厚的海绵。因为有钢托、海绵的文胸会阻碍乳房发育。但也不能选太

第二章 / 蓓蕾含羞：呵护好自己胸前的花朵

薄的，因为乳头形状显现后，上体育课跑动，可能会被人看到。

B5 期

这一时期是乳房的成熟期，乳房的轮廓发育成形，这个时候，你应该已经上高中或者大学了，可以佩戴成人胸罩了，但妈妈建议你不要戴太紧的胸罩，因为这个时候乳房还有发育的空间，戴过小的胸罩会阻碍发育。而且这个时候也没必要挤得过紧，关注外观。

在购买文胸的时候，你一定要坚持试穿。因为尺码只是平面数字，而身体是立体的，另外由于款式、材料、裁剪等因素，相同尺码的内衣，穿着的感觉可能也不一样。试穿时，你不妨做几个大幅度的动作，如伸展、扩胸、弯腰或走动。合适的文胸在运动中应该会保持原位。到时候，我们要根据发育情况来选购内衣的尺寸。较松的内衣不利于塑造好身材，太紧的内衣则会妨碍乳腺发育。

对于你来说，不应该穿戴带钢托或金属线的胸衣。因为带钢托不利于身体发育，带托架、金属线、胶或化学纤维的胸衣不在我们的选择范围之内。

胸衣贴身的部分我们要选择自然的布料。在发育期的年龄，经常运动和流汗，纯棉布料可吸收汗液，并保持空气流通，是贴身布料的首选。

近年来，随着西方文化的渗入，许多在发育期的女孩都在推崇开放"胸部自由"，做一个"自由呼吸"的人，妈妈希望你不要盲目效仿。要知道，西方人与东方人在个人体质上是有本质区别的，东方人的体质是需要佩戴文胸的，你不要跟风进入"任胸部自由发展"的误区，否则胸部是很容易变形的。

不过，文胸也不是需要24小时都佩戴的，比如睡觉的时候，一定不要穿着文胸。如果你白天佩戴文胸的时间过久，入睡之前可以适当地按摩一下乳房，促进血液循环。

同一件文胸，我们的穿着时间最长为累计6个月，如果到时你的乳房发育得特别丰满，那么穿戴的时间要缩短到3个月。穿戴时间过长的话，第一，胸罩会因为变形而无法支撑保护胸部；第二，胸罩累积了很多细菌，会感染乳房。

总而言之，在青春期，我们穿戴文胸要以健康和舒适为目标。文胸是我们贴身穿的衣物，如果不舒服的话，对于健康的影响是非常大的，这一点妈妈希望你一定谨记。

第二章 / 蓓蕾含羞：呵护好自己胸前的花朵

青春期胸部两侧大小不一很正常

很多女孩在青春期的时候都会遭遇这样的困扰——突然发现自己的乳房大小并不对称。有些女孩是一个乳房先发育了，另一个乳房还是平平的，毫无动静；有些女孩是两个乳房同时生长了，但就是大小不一样。妈妈不知道你会不会遇到这样的问题，但为避免你因此出现负面心理问题，还是觉得有必要跟你说一下。

其实，在青春期的时候，胸部一大一小是很常见的。

女孩的乳房在青春期迅速成长，在这段时间比儿童时期要长得快很多，这也是青春期被称为"发育高峰期"的主要原因。在乳房发育的过程中，可能会出现很多情况，比如有些女孩的乳房大小是不一样的，比如在乳房发育的一开始是一侧乳房比另一侧乳房发育得更快、更大。

这两种现象都是正常的，并不是某种病状，这是因为发育期女孩的乳房发育主要听命于身体内部雌激素的缘故,对于雌激素比较敏感的乳房,长得就快些、大些,对雌激素不敏感的乳房长得就慢些、小些。就像每个人的手或者脚,仔细看起来,其实是一个偏大一个偏小的。

还有一种情况,就是胸部一上一下,这也是因为两个乳房对于雌激素的反应和敏感度不一样,活跃的一侧乳房就会高一些,不活跃的一侧乳房就会低一些,这并不奇怪。就像生活中有些人左脑发达,有人右脑发达,世界上左撇子和右撇子都占据了一部分。

乳房的完全发育需要两年到三年的时间,所以等到乳房发育成熟了,两边的乳房就会变得对称,形状和大小都差不多了,之前的高低差别就会消失,不会一只大一只小、一只上一只下,所以不需要特别担心。

其实,一般在生活中,即使发育完全之后,你仔细地看,会发现自己两侧乳房的大小还是不一样的,但是这种大小的差异很小,一般是看不出来的。

需要提醒你一下,有一种情况也可能造成乳房大小不一,那就是睡姿,有些睡姿甚至被称为"平胸杀手"。比如,侧身睡姿容易导致乳房大小不一不对称,长期偏于一

侧的睡姿不仅会增加女孩乳房不对称的现象，还会影响乳房部位的血液循环，造成单侧乳房发育过快的现象。

不过，这大多数也是在青春期发生的事情，一般过了青春期，也就是说生理性的双侧乳房大小不一，伴随着不良习惯的纠正，比如晚上睡觉选择仰卧，或者微微向右靠，或者身体发育期的成熟，或者经过反复的良性刺激，当乳房与身体的性腺轴建立起稳定的生物反馈时，两侧乳房就会逐渐趋向对称。

现在的你，千万不要盲目丰胸

妈妈曾在网上看到这样一件事情：

一个叫小慧的女孩，和你一样，长得很漂亮，但她总觉得自己胸部不够大，于是搜集各种可能让乳房变大的方法。有人告诉她,每天揉一揉胸部,乳房就会变大,她相信了,因为她觉得揉揉胸部没有什么坏处,用的是手,力度也能把握,于是小慧每次睡觉前都会揉搓乳房。但结果并不十分理想。

上了大学以后,小慧交了男朋友,男朋友很帅气,让她很是引以为傲。可惜的是,这段感情并没有维系多久,男孩就有了新的女友,偏偏那个女孩胸部很丰满。小慧当时很愤怒,觉得是因为自己胸不够大才被男朋友抛弃的。于是她不顾父母的反对,甚至以离家出走要挟父母拿钱,最终去做了丰胸手术。

出院以后,小慧做的第一件事就是拍了一组艺术照,并把它展示给朋友们看。那会儿,她看到自己变得丰满了,心里特别美。然而好景不长,术后刚三个月,小慧的乳房就开始疼痛,还出现了一个直径1厘米的硬块。到医院去检查,医生告诉她,她今后都无法进行哺乳了。

想必聪明的你已经猜到妈妈给你讲这件事的用意了。诚然,爱美之心人皆有之,一说到身材,胸部是每个女人、男人都喜欢谈论的话题。妈妈看到一项调查,数据显示,现在

第二章 / 蓓蕾含羞：呵护好自己胸前的花朵

女孩子丰胸的年龄越来越小，有些高中女生，甚至初中女生都要急着去丰胸，这些未满18岁的女孩子滥用丰乳霜、做丰胸手术是十分不明智的，妈妈希望将来你不要产生这种想法。

妈妈的同事冯阿姨的女儿今年20岁，长得亭亭玉立，人见人夸，可她就是嫌自己的乳房小，像个"飞机场"，心里非常自卑。后来她缠着你冯阿姨买了一个疗程的丰乳霜，往乳房上涂抹后，据说还真管点用，乳房变得大了些。于是她又缠着你冯阿姨去买了两个疗程的丰乳霜，天天涂抹，乳峰变得高耸，胸脯也挺起来了。她正高兴呢，没想到这时候月经周期发生紊乱，不是经期提前就是经期延长，月经量增多，淋漓不断。接着又感到浑身疲乏无力，头晕眼花、心慌气短。有一次，她竟然在学校突然晕倒了。老师和同学急忙把她送到医院看急诊，经检查是患了贫血。医生从询问病史中了解到她近几个月使用丰乳霜的情况后，对她说，你之所以贫血，是因为滥用丰乳霜导致月经量过多造成的，长期使用还会埋下许多隐患，危及健康。你冯阿姨知道以后，如梦方醒，后悔不及。后来她就把这件事情说给了妈妈听，提醒我不要重蹈她的覆辙。

事实上，虽然国家规定，在化妆品中禁止使用性激素类药物，但有些不良商家只顾着追求利益，生产的丰胸产品中大多含有雌激素，其中主要是己烯雌酚。用它涂抹乳房，因为雌激素的作用，的确能够在短时间内实现丰胸的目的，但作用并不持久。那些爱美的姑娘为了使乳峰高耸，便不停地涂抹，殊不知，长期使用，会埋下意想不到的祸患。

己烯雌酚经皮肤吸收后，会抑制体内雌激素的分泌，影响乳房等第二性征的发育。己烯雌酚可引起子宫内膜过度增生，导致经期延长，月经量增多，发生贫血；还会使皮肤色素沉着，出现黑斑。尤为要命的是，经常使用可损害肝、肾等脏器；又能促使胆汁中的胆固醇饱和沉积而形成结石，还可诱发胰腺炎和血管栓塞性疾病。

所以，妈妈不希望你将来盲目地使用丰胸产品或者去做丰胸手术。其实，乳房发育的大小除了受体内激素作用的影响以外，还受遗传、环境因素、营养条件、胖瘦、体育锻炼等多种因素的影响。一般来说，乳房开始发育得早晚并不影响其今后发育的快慢，也不影响成年后乳房的大

第二章 / 蓓蕾含羞：呵护好自己胸前的花朵

小和形状，所以，就算现在你的胸部小点，也不必为此担忧。

其实，想要乳房增大是有科学的方法的，妈妈帮你收集到了一起，咱们一起去看一下：

1. 保证充足的营养

多吃一些富含维生素 E、B、蛋白质以及能够促进性激素分泌的食物。

多吃黄豆、花生等豆类食物，因为其中含有大量的卵磷脂；多吃杏仁、核桃、芝麻等，其中含有丰富的蛋白质，对于丰胸具有很好的效果。

多吃一些含胶原蛋白丰富的食物，比如猪蹄、鸡爪、银耳等，这些有助于胸部胶原蛋白和脂肪的及时补充，能够使胸部更加饱满，富有弹性。

2. 科学按摩

人体有三个穴位对青春期少女丰胸非常好。

第一个穴位我们叫作膻中穴，在我们两个乳头的中间位置。可以用大拇指来压制，如果感觉很疼痛的话，就用食指轻轻地柔。这样坚持 9 秒钟左右，然后放松，重复 20 次以上。

第二个穴位叫作神封穴,在膻中向左右外侧旁开约3个指幅之处。压法也一样。

第三个穴位叫乳根穴,位置在乳头直下,乳房根部,当第5肋间隙,距前正中线4寸。压法还是一样。

坚持每天晚上睡前按摩这三个穴位,据说1个月内就会见效哦。

3. 坚持有效的运动

运动,这是一种最简单的丰胸方式,我们可以经常去户外运动,在发育时期,多运动能够为以后胸部丰满奠定良好基础,坚持时间越长,效果就会越明显。同时,要定期地做胸部扩展运动,增加胸大肌弹性,让发育中的胸部更加坚挺。

此外,还有一点我们不可忽视,那就是作息调节。我们要尽量在10点之前睡觉,因为21:00～23:00点是肾的养护时间,这段时间的睡眠,对上面那些丰胸方法的发挥作用能够起到很大帮助。

第三章

红色烦恼：
请好好招待自己的"好朋友"

　　宝贝，第一次"流血"，你吓哭了，妈妈却有些想笑了。我的女儿真的长大了。傻孩子，妈妈现在告诉你，女孩进入青春期之后，随之而来的子宫出血现象，叫月经，它是青春期来临的讯号，也是身体走向成熟的标志。别害怕，这种事情妈妈每个月都要经历一次，有足够的经验和把握帮助你顺利度过"初潮"这一关。

"好朋友"最初为什么总是不守约

妈妈当年来了第一次月经以后,你姥姥告诉我,以后每个月都会来一次。妈妈当时听得很认真,并且在本子上刻意做了标记,因为我怕自己忘记时间。

于是自从月经初潮开始,妈妈每次都会根据时间去推算下一次来月经的时间,但是没有任何一次推算正确,在最开始半年的时间里,月经除了第一次之后,再也没有来报到过,过了半年之后,突然又来得特别频繁,有时候一个月来两次。妈妈当时心里十分慌张,觉得自己月经是不正常的,因为每个月来的时间都不一样。"也许是得了什么病吧!"妈妈为此着实苦恼了好长一段时间。后来,也是你姥姥回来以后,才解开了妈妈的心结。

姥姥告诉妈妈,一般来说,正常的情况下,月经周期

第三章 / 红色烦恼：请好好招待自己的"好朋友"

为 28 天至 35 天，计算月经周期的方法是从月经来潮的第一天开始算，一直到下一次月经来潮的第一天，算一个完整的周期。但实际上这个周期是因人而异的，大致的范围是在 28 天至 35 天之间，月经周期的长短根据每个人体质的不同而不同，提前或者推后一个礼拜至 10 天左右也算是正常的范围，通常只要保证一定的规律性就不能够认为是月经不调。

姥姥还告诉妈妈，月经初潮之后，卵巢的功能并没有完全稳定，所以此时的月经周期也是不规律的。在月经初潮后，往往相隔数月、半年甚至更长的时间，才会再来第二次月经，等到卵巢的功能完成成熟稳定之后，就逐渐接近 28 天至 35 天来一次月经了。在有规律的月经周期，前后两次月经的间隔时间一般不会少于 20 天或者不会多于 45 天。如果在卵巢发育完全之后，还出现月经推迟和月经周期偏长的现象，我们才应该考虑是不是自身原因所引起的。

另外，姥姥教给了妈妈准确的周期计算方法。她说，出血的第 1 天为月经周期的开始，两次月经的第 1 天之间的时间称为"月经周期"，因此月经周期的计算是应该包括月经来潮的时间的。不过那时妈妈只计算了月经干净的时间，所以认为月经周期缩短了，这是不对的，至于妈妈说自己一个月月经来潮两次，其实仔细算起来，是月初和月末各来一次，这也是在正常范围内的。

不过，如果在日常生活中不注意，也确实会影响"好朋友"来临的时间。

比如，如果在平日的生活中经常心情郁闷，时间一久就会造成气滞血瘀。或者在生理期受到了寒意的侵扰而形成了瘀血，"好朋友"就会姗姗来迟。

又比如，如果女孩的体质属于阴虚的体质，或者因为长久生病消耗了精力，或者长期从事劳动力较大的工作，导致体内的血液处于一个亏损的状态，从而导致经血不能够正常运行，也会导致经期的无限延长。

另外，不健康的饮食习惯和生活习惯也会导致月经推迟。晚睡晚起、长期不吃早餐、过度地减肥、过度劳累等不良的生活习惯，会导致生活作息不协调，从而产生一些影响内分泌的疾病，导致月经推迟或月经周期延长。

所以我们要想拥有健康、有规律的月经周期，就要建立良好的饮食和生活习惯。

1. 养成良好的运动习惯

运动能够增强人体体力,促进人体的血液循环,户外运动时尽量穿上厚实的衣服,防止受凉,保持身体的温暖。

2. 养成良好的饮食习惯

不要食用辣椒、大蒜、韭菜、生菜、肉桂、咖啡、胡椒、羊肉、狗肉、鹿肉、酒等动火助热的食品;少吃螃蟹、山楂、桃子、红糖等有活血作用的食物;多吃新鲜的水果和蔬菜。

3. 保持良好的作息时间

尽量不要熬夜,以免影响生理节律以及内分泌的基本协调性。

4. 保持积极向上、乐观开朗的情绪

紧张焦虑的情绪会使卵巢的功能紊乱,保持平和、豁达、大度、恬静和乐观的情绪,有助于缓解月经提前的状况。

这样,随着卵巢的日益发育成熟,月经每个月来的时间会慢慢固定,从而形成一个规律。所以一开始的时候月经并不稳定你也不要太过于紧张和担心,时间久了,月经就会慢慢正常的。

每次"好朋友"来，我们要失多少血？

妈妈刚来月经的那段时间，曾经闹了一个很傻很天真的笑话，虽然姥姥反复告诉妈妈，月经是每个女孩进入青春期以后都会经历的事情，是每个女孩成长的必要阶段，但妈妈还是很心慌。因为妈妈感觉自己的身体一直在"流血"，我曾经在一本书上看到过，如果一个人的身体一直在流血，那么过不了多久，就会因失血过多而死掉的。血液是人体很重要的部分，维持着身体所需要的营养，身体是不能没有血液的流淌的。在来月经的那几天，妈妈感觉血一直流啊流啊，仿佛身体里的血都流出来了，所以心里很慌张，也很害怕。

你一定在笑妈妈的幼稚吧？那么你知道，在月经期间，我们到底流多少血算是正常的呢？

第三章 / 红色烦恼：请好好招待自己的"好朋友"

事实上，虽然很多女孩知道自己每个月都会"流血"，但是有时候流血很多，有时候流血很少，流血多的时候是不是表示自己的身体不大好了，或者流血少的时候是不是表示自己的身体是正常的？其实，不是的。

每个女孩每个月的月经流血量的多少是根据每个人体质的不同而有所不同的。通常，每个月的月经一共大概是50毫升至200毫升之间，平均每天大概50毫升，从更换卫生巾的频率来说，一般每天更换3次至5次左右不等的卫生巾或者纸巾，这都是属于正常的。

如果身体受凉，容易导致月经量突然增多。经血过多，可能是由于精神过度紧张、环境的突然改变、身体的营养不良以及新陈代谢紊乱等因素而引起的功能性子宫出血。经血一旦长期过多，就会引起贫血，如果发现自己经血过多，一定记得告诉妈妈，咱们立刻去医院查明原因，进行必要的治疗。关于预防经血过多，妈妈给你提几点建议。

1. 在平时的时候，尤其是在月经前期和月经期间，一定要防止过度疲劳，不要熬夜太晚，要特别注意休息好。

2. 需要养成良好的饮食习惯，多吃新鲜的蔬菜和水果等富含维生素的食物；多吃含铁元素的食物，防止缺铁性贫血；少吃辛辣刺激的食物。

  3. 注意清洁工作，特别是私处的卫生。时刻保持私处的清洁和干燥，最好是选择宽大舒适的内裤。

  月经量过少同月经量过多一样，也属于一种不正常现象，月经量少指的是在月经期间只会排出少量的凝血块，没有达到正常的平均水平，那么就表示有月经过少的毛病，这也是因为身体内控制月经周期的激素发生了紊乱，于是就引起了月经量过少的问题。

  对于预防月经量过少，妈妈也要叮嘱你几句。

  1. 保证充足的睡眠。睡眠对于某些身体机能来说非常重要，因此晚上最迟也要在11点之前入睡，才能够使肝血得到有效的滋养。

  2. 不要过度疲劳。当月经来潮的时候，身体需要处于一个放松的状态，不能够过度疲劳，不要因为学习把自己搞得太累。

  3. 多吃一些含有铁元素和具有滋补性的食物；补充足够的铁元素，有助于缓解缺铁性贫血，应该多吃乌骨鸡、羊肉、鱼子、青虾、对虾、猪羊的肾脏、清淡的菜、黑豆等豆制品、海参、核桃仁等滋补性的食物。

第三章 / 红色烦恼：请好好招待自己的"好朋友"

卫生巾，女孩子的莫逆之交

女儿，自从"好朋友"来过以后，卫生巾就会成为你的莫逆之交。在女人的一生中大约需要 1.5 万个卫生巾。所以关于这位朋友的问题，妈妈现在要好好和你交代一下。

首先，我们说说环保问题吧。咱们用过的废弃卫生巾属于"不可回收"垃圾，所以记得用过之后要将它放在不可回收的一类。绝对不要将卫生巾扔进下水道，这是城市下水道堵塞的一个重要原因。

接下来我们着重要谈的就是卫生巾的使用和卫生问题：

1. 在购买卫生巾时，不管喜欢哪种类型的卫生巾，都必须选择正规厂家生产的有卫生许可证的产品，并且要仔细查看生产日期、保质期等。

2. 在使用卫生巾前要记得洗手。使用卫生巾前不洗手，会在卫生巾拆封、打开、抚平、粘贴的过程中，把手上的病菌带到卫生巾上。卫生巾直接同女性私处皮肤接触，经期又是女性抵抗力较弱的时期，若不注意卫生，很容易发生感染，引起妇科疾病。

3. 在使用卫生巾或护垫的过程中，要经常更换，一般每2~3小时更换1次，以保持私处皮肤的干爽；若分泌物较多，应及时清洗，擦干后更换卫生巾。有些女孩会根据月经量来决定是否更换卫生巾，只要不漏就一直使用，这是不对的，这样容易引起皮肤瘙痒。

4. 应该慎用药物卫生巾，因为这可能会引起皮肤过敏，出现私处瘙痒等症状。最好选用柔软舒适，对皮肤刺激小的棉质卫生巾。

5. 不要将卫生巾放在洗手间，因为卫生巾受潮后细菌更易侵入。拆包后的卫生巾应放在干燥、洁净的地方，受潮后就不要再使用了。

6. 不要贪便宜。有些女孩看到商家打折销售的卫生巾或是推出赠品活动，便大批量购买。其实，这些很可能是商家处理的滞销产品。卫生巾储藏过久，即使不拆封也会

第三章 / 红色烦恼：请好好招待自己的"好朋友"

受到污染。因此，在购买卫生巾时，不要贪便宜，一次别买太多，更不要储藏过久。

7. 与卫生巾保持一个距离。女人的私处皮肤与嘴唇的皮肤构造相似。对于这两处的皮肤，理想的环境都是不可以太干燥，也不可以太湿润。试想，我们对嘴唇的呵护，难道是经常把它包起来吗？娇嫩的皮肤需要一个非常透气的环境，如果封闭得太严实，湿气聚集，就容易滋生病菌，造成各种健康问题。

对于青春期的你来说，最理想的用品是高织棉内衣，并天天换洗，如果有必要使用卫生护垫的话，别忘了选择透气性好的产品。

总而言之，经期用品的清洁卫生特别重要。因为，盆腔、子宫、宫颈、阴道、体外环境都是相通的，这样的结构使女人的生殖系统特别容易遭受外界病菌的侵袭，尤其在月经期间，私处抵抗力下降，比平时更加脆弱，如果使用了不合标准的卫生巾，特别容易发生感染。所以妈妈交代的话，你一定要谨记在心里，这是关系到你一生的事情。

你喜欢运动就去吧，注意就好

妈妈知道你是一个十分喜爱运动的女孩，无论是跑步、跳远还是乒乓球、羽毛球、网球，你都非常喜欢，几乎每天写完作业，你都要和朋友们去运动一会儿。但是这几天，你却把自己关在家里很少活动，你的好朋友们约你去打羽毛球，妈妈看到你眼神中透露着渴望的神情，却摆摆手对她们说不去了，作业还没有做完。妈妈当时很纳闷。

后来，你小声告诉妈妈，因为这几天刚好在生理期，之前听隔壁班的好朋友说过，生理期的时候是不能运动的，不然会造成一些妇科问题，所以你才吓得动都不敢动。傻女儿，其实没那么严重。

俗话说"生命在于运动"，所以每天都能坚持运动是一个非常好的生活习惯，如打球、跑步、骑车、游泳等体育运动，既能够锻炼身体，又能够减轻日常的学习和生活的

第三章 / 红色烦恼：请好好招待自己的"好朋友"

压力。事实上，大家常说的生理期内不要运动指的是不要进行剧烈的运动，因为剧烈运动会造成人体内分泌系统的功能异常，从而会干扰月经的正常形成和生理周期，严重的会导致子宫位置发生变化。而生理期的时候适当运动、适当锻炼是不会对身体产生什么副作用的，不仅不会引起经期紊乱、腹部有坠痛和肿胀感、腰酸等不适，相反，还可能会对身体产生很大的帮助。生理期内适当运动和锻炼有助于平衡人的神经系统，促进血液循环，帮助腹肌、骨盆肌的收缩和放松，也有利于经血排出得更为顺畅，也能够起到一定的缓解痛经的作用。

因此，只要不是严重的痛经，或者血量过多，抑或功能性子宫出血，都可以在生理期内参加适当的运动和锻炼，不过在生理期的时候，也有需要特别注意的地方。

1. 在生理期的时候，最好还是维持原有的运动习惯，不过需要在原有的基础上减少运动的强度，缩短运动时间；在生理期刚刚过后，不要立即恢复以往的运动量，需要先进行一些缓冲的恢复性运动，最好是根据个人的体质把运动时间控制在 10 分钟至 30 分钟以内。

2. 在生理期内，要避免参加高强度、剧烈或者震动过大的运动,比如长跑、跳跃、跳远、跳高、百米赛跑等运动;也要避免做增加腹压的运动,比如俯卧撑、仰卧起坐等运动;避免参加在水中的运动。

3. 在生理期即将到来的前三天,最好以较为轻柔、舒缓、放松的方式,以拉伸的运动为主,比如有冥想型瑜伽或者初级的形体操,或者只是在家里做一些简单的伸展动作也可以。在运动期间,一定要避免把腿位抬得过高。如果有感到疲劳或者发现出血量突增或暴减的情况,应该立即停止运动。

所以,去参加你喜欢的运动吧,只要记得妈妈给你提的建议就好。

"好朋友"来了,就别去游泳了

女儿你知道的,你小姨特别喜欢游泳,像你这么大的时候更是经常泡在游泳池里,有时候一泡就是大半天。每

第三章 / 红色烦恼：请好好招待自己的"好朋友"

个星期的游泳课就是她最期待的科目之一，那天的游泳课，你小姨很开心地游了整整一节课，十分过瘾。

但是到了晚上，她觉得身体很不舒服，小腹有一股刺痛感。你姥姥很纳闷，我们晚上没吃什么容易刺激到肠胃的食物啊，所以一开始，大家以为她只是痛一下就好了，但是到了第二天早上，你小姨可把我们吓到了——额头发烫，但是身体却冷得发抖，而且头痛、心跳加速，小腹一直有刺痛感，甚至还有短暂的昏厥。

我们急忙把她送到医院，经过医护人员的急救，你小姨终于平安无事。等你小姨病情稍微稳定之后，那位替她治疗的女医生特意问道："你是不是在经期游泳了？"

你小姨点点头，说："就快结束了，我以为没事的。"

女医生板着脸，说："你知道不知道，你是急性盆腔炎，甚至还出现了感染性休克和中毒性休克，都是因为你月经还没有完全干净就跑去游泳，还泡在水里那么久。一个女孩子，一定要好好爱护自己。"

妈妈为什么要给你讲这个故事呢？因为妈妈知道，你也喜欢游泳，你的爱好妈妈不会干涉，但是在生理期时一定要有所注意。

夏天天气炎热,很多女孩和你一样都喜欢去游泳,游泳成了很多人消夏解暑的首要选择,甚至有一些女孩在生理期游泳,她们认为只要放上卫生栓就没问题了,不会有任何伤害。这个观点是错误的,而且大错特错。如果女孩正处于生理期或者处于生理期前后三四天,是万万不能进入游泳池的,因为经血是病菌繁殖的良好培养基地,况且这时候子宫是开放的,卫生栓被水浸湿后,病菌很容易透过吸附经血的棉层进入体内,造成生殖系统感染。

从女孩的生理特征来说,女孩的尿道比较短,而且女孩的阴道和外界又是相通的,没有任何的屏障,这就为细菌的感染打开了方便之门。游泳池虽然是循环消毒的,但是水不可能做到无菌状态,加上有些游泳池消毒不彻底,导致细菌通过池水进行传播,出现交叉性感染,很容易染上疾病。

虽然女孩的阴道本身就具有自净的作用以及自然的防御功能,但是在月经的前期,女性抵抗力会有一定程度的减弱。如果这个时候到并不干净的游泳池里游泳,那么含有病原微生物的水就会进入阴道、子宫和输卵管等生殖器官,引起细菌性阴道炎、输卵管炎等妇科病。

事实上，在经期结束之后，我们也不可以立马去游泳，最好在经期结束 4 天之后再去。而且在游泳的时候要特别注意加强自我保护，即使没有炎症，也没有处于经期的女孩，游泳的时候也要随时注意加强自我健康的保护意识。

比如在游泳馆，我们常看到有些女孩子游泳游累了就随意地坐在游泳池边的地上或者台阶上，这是非常不好的习惯。因为游泳池的地面和台阶同时有很多人光着脚在上面走来走去，如果正在行走的人有脚气的话，那么脚上的细菌就会粘在地上，这时只要坐上去，就会很容易引起霉菌性阴道炎。因此，在游泳池内不要穿着湿漉漉的游泳衣随便到处乱坐。

另外，在排卵期也最好不要去游泳池游泳，因为此时的阴道分泌物会变得较为清淡和稀疏，抵抗细菌的能力也会变得较差，如果此时进入游泳池游泳，也很容易造成阴道感染及发炎。

女孩子，要讲卫生常洗澡

现在妈妈可以想象，你一定已经皱起眉头，"好朋友来了不能游泳，不能多碰水，那是不是洗澡也不行了？冬天还好，三五天不洗澡，身上也不会有特别的味道，但是夏天怎么受得了，会难受死的！"

傻丫头，其实，月经期间是可以洗澡的，而且是应该洗澡的。因为女孩在经期的时候，经血会大量地积于阴道部位，而月经期间，阴部又垫着厚厚的卫生巾，加上这个特殊的时期，下体的油脂物分泌增多，而阴部由于长期束缚在裤子里，透气性特别差，血污、油脂、汗液的混合不仅会刺激皮肤，而且特别容易引发各种炎症。因此，女孩在经期应该勤于洗澡，保持阴部的清洁，不过在经期洗澡也有特别要注意的地方。

月经来的时候有许多的注意事项，除了饮食上的禁忌，也不适合剧烈运动，卫生就更加不用说了，因此经期洗澡是一件非常讲究的事情，避免不正确的洗澡方式，能够减缓在月经期间引发不必要的不适。

1.在月经期间洗澡禁止盆浴，以淋浴方式最佳

淋浴的时候，水顺着头部从上往下，不会在阴道部位停留，而且水也可以利用向下的作用把阴道部位的细菌冲刷而下。

在生理期，尽量不要洗头，如果遇到了非洗不可的情况，尽量在中午时间等气温较高的情况下洗。洗头的水温不能过低，生理期对寒冷特别敏感，要选择一个头部适宜的温度，洗完头也一定要马上吹干。

2.不要用冷水进行淋浴

冷水澡的水温过低，水中的细菌会乘"虚"而入，从而进入阴道引发妇科疾病。

遇到冷水的刺激会导致女孩的内分泌失调，造成腹痛的症状，严重的还会出现月经不调，周期不稳定，甚至闭经的症状。

而对于身体体质原本就比较弱的女孩，更加不能用冷

水洗澡，否则，容易引发感冒、发热等疾病。

3. 经期洗澡的时候应该特别注意阴道的清洗方式

在清洗阴道的时候，应该特别注意首先要清洗阴道口和尿道口，然后再清洗肛门的周围，不要来回清洗，如果用水来回清洗，就会把肛门处的细菌带入阴道，引起阴道感染。外阴的部位，早晚都需要清洗。

需要特别注意的是，经期不要用沐浴露等清洗阴部，容易引发阴道感染。

4. 生理期洗澡的时候要特别注意个人卫生

女孩在生理期洗澡的时候，要尽量保证洗澡时用到的毛巾、洗具都是专人专用的，不能与他人混合使用，尤其是在他人或者自己患有脚气病等情况下要更加注意，以免引起阴道的真菌感染。

第三章 / 红色烦恼：请好好招待自己的"好朋友"

生理期你完全可以安然入睡

妈妈发现，你在生理期的时候，睡眠似乎不太好。其实很多女孩都遇到过这样的情况，生理期的时候翻来覆去难以入睡，心里更是特别地烦躁不安，好像胸口有一块大石头似的。甚至有些女孩在生理期有过一夜无眠的经历，眼巴巴地看着窗外的天从一片黑色慢慢地泛白，给日常生活和学习都带来了很大的影响。

那么，为什么到了生理期，许多女孩都会容易失眠呢？这是因为在生理期内，内分泌的失调引起的。通俗地说，就是情绪在作怪。事实上，在生理期内，想要睡眠质量好一些，也不是没有办法，只要能够做到放松心情，是完全可以安心入睡的。

妈妈给你提几点建议：

1. 选用适合的夜用卫生巾

许多女孩到了生理期往往很担心，不管是走路还是坐着，都很担心经血流出，造成尴尬的局面。到了晚上，躺在床上，又担心经血会流出来，弄到床上，脏兮兮的，如果用特别大、特别厚的卫生巾，皮肤又会感觉特别不舒服，常常有闷出汗的感觉。因此，要选用透气性特别强的，特别是具有防漏设计的卫生巾和卫生棉，肯定能让你的经期睡眠无忧无虑，轻松摆脱经期失眠的状况。

2. 保持适度的运动

在生理期前后或者期间，保持或者增加运动时间，可以通过维持大脑里的化学状态平衡从而达到改善睡眠的目的，同时也可以获得心理的愉悦，对缓解烦恼和紧张具有很大的作用。当然，在生理期内，依旧要避免游泳和一些剧烈的运动。

3. 保持乐观自信、积极向上的心态

保持一种乐观自信、心胸豁达的心态，合理地安排日常的生活和学习，就能够轻松摆脱经期失眠的困扰。

隐私部位清洗，虽然麻烦但不能懒惰

你记不记得妈妈嘱咐你，女孩子每天都要洗私处，每天都要换内裤。但时间长了，你可能觉得有点麻烦了。确实，每天都要做这些事情，妈妈也觉得很麻烦，但是，因为我们是女孩子，不能因为麻烦就不做了，要知道，只有讲卫生才能更健康。

阴道不可能做到保持绝对无菌的状态。不过，阴道因为其结构的特殊性，所以能够依靠它自身的自净作用，抑制致病菌的生长和繁殖，从而保障健康。但是，这并不是意味着阴道不需要我们细心的呵护，而是非常需要我们去细心呵护的，要知道，青春期女孩出现的很多妇科疾病都是因为不注意阴部的卫生而导致的，所以妈妈要提醒你，保持阴部的卫生是非常重要的。

阴部是女孩的"特殊地带"，阴部的健康与否对于青春期女孩来说是日常生活中必须要注意的一个大问题。因此，不要觉得每天洗私处、换内裤很麻烦，这是讲卫生的方式，只有这样，阴部才能保持它的健康。

有很多女孩生理期时很懒惰，常常会有生理期忽视私处清洁的情况出现，因为在这个特殊的时期，清洗私处显得非常不方便。实际上，女孩的阴部集中了人体尿道、肛门、阴道三个通道出口，每天都会有大量的污垢残留，到了经期，大量血液流出，阴部的皮肤上就会堆积更多的污垢，同时阴部的自我保护能力也会下降。

阴部是一个比较特殊的部位，所以有关于阴部的清洗方式也有一定的特殊性。清洗阴部的基本原则应该是：坚决维护女性生殖道的天然防线，不破坏阴道内的生态平衡，不让外界的病原体进入阴道。

1. 需要准备好自己专用的阴道清洗用具和毛巾；

2. 清洗阴部用温的清水就足够了，不要尝试用热水和冷水，那样对阴部的皮肤和阴部的健康都是不利的；

3. 青春期女孩在生理期内，每天晚上都要用温水清洗外阴，勤换卫生巾，以免血渍成为细菌的培养基。

有些女孩认为在生理期的时候，不需要刻意清洁阴部，只要简单地擦拭一遍即可，这是不正确的。

第三章 / 红色烦恼：请好好招待自己的"好朋友"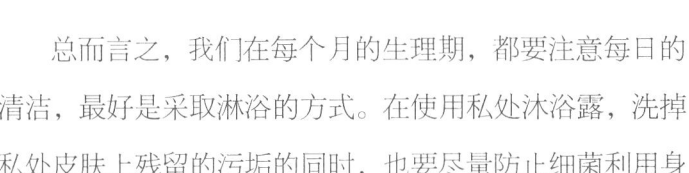

总而言之，我们在每个月的生理期，都要注意每日的清洁，最好是采取淋浴的方式。在使用私处沐浴露，洗掉私处皮肤上残留的污垢的同时，也要尽量防止细菌利用身体出现伤口的时机，进入人体内，对身体产生不好的影响。

洗液，你目前是不需要的

目前，专供女性使用的保健洗液越来越多，妈妈发现不少像你这么大的女孩子，也开始使用洗液了，事实上，这种做法并不好。用洗液清洗阴部，对处在青春期的女孩来说，是不需要的。因为青春期女孩的阴道正处于一个发展时期，属于一个酸性的环境，同时还寄生着很多菌群，这些菌群对于阴部的健康来说是有好处的，用洗液清洗阴道的话可能会影响这些天然的屏障。

阴道微生物菌群主要栖居在阴道侧壁的黏膜、皱褶中，目前公认的阴道正常菌群中最重要的成员是乳酸杆菌。其功能主要是保护阴道不受外来菌的侵袭，是阴道的"健康卫士",所以医学上常以阴道分泌物中乳酸杆菌的数量来确定阴道的清洁度及判断阴道自洁功能的好坏。有学者调查了40名健康育龄妇女,92.5%都有乳酸杆菌,而更年期妇女中则仅有60%有乳酸杆菌。如果经常使用阴道清洁液冲洗阴道,乳酸杆菌就会减少。过度清洁还会破坏阴道黏膜表面的保护膜,使其变得干燥不适,乃至瘙痒,从而有可能破坏阴道的防御功能。频繁地使用洗液冲洗外阴,容易导致阴道正常Ph改变,使菌群失调;在青春期使用洗液清洗阴部,成年后发生宫外孕的危险性是不用或少用洗液的女孩的3~4倍;频繁地用洗液冲洗阴道,还会破坏阴道内环境的平衡,还有可能会成为输卵管炎、盆腔炎、不孕症甚至宫外孕等妇科疾病的发病原因。所以,青春期的时候,我们应尽量少用或者不用洗液来清洗阴部。

况且,目前市场上的洗液都具有一定的不安全性,用市场上销售的低质量的洗液清洗阴部对于青春期女孩脆弱的阴部而言,是非常危险的。

其实,对于我们的私处来说,最好的清洗方式是每天用温热水淋浴冲洗。平时没有不适,也应养成每日洗外阴的习惯。最好不要随意使用任何洗液,尤其不应该用洗液洗阴道。如果需要用洗液,应该在医生的指导下进行。

第四章

少女心思：
说说那个叫"爱情"的东西

　　妈妈知道，早恋不是洪水猛兽，它越是压抑，就越膨胀，偷偷摸摸的爱情反而会让你们这些孩子觉得更具诱惑力，所以妈妈不会干涉你和男生适当的接触。事实上，妈妈也曾经历过情窦初开的妙不可言，所以当你青春的心灵开始萌动时，请相信妈妈善意的提醒，请允许妈妈帮你揭开那层神秘的面纱，也请你一定要保护好自己，避免不必要的痛苦和伤害。

对异性有好感别惊慌，学会处理

孩子，你有没有对哪个男生有好感呢？

别害怕，就算有，妈妈也可以理解。青春期对异性有好感是正常的心理现象。因为青春期是人一生中心理活动非常丰富的时期，也是心理问题最多、最需要帮助和指导的时期。

处于青春期的女孩，随着身体、生理发育的不断成熟以及社会环境的种种影响，会逐渐意识到自己已经开始长大成人，父母和老师对自己过度关注，往往会引起内心的反感和抵触，因而与成人的关系逐渐疏远。于是把交往的重点转向同龄人，因为他们之间有更多的共同语言、共同情感、共同活动，更容易相互理解，打成一片。这个时候，女孩子都容易对异性产生好感。

妈妈知道，像你这么大的少男少女喜欢异性是不可避免的，也是你心智发育正常的标志。妈妈知道，进入青春期的少男少女体内同性激素含量激增。正是体内大量的雄激素

(男)或雌激素(女),使得一个人产生了接近异性的需要和愿望,学者们称之为性要求或性冲动。性要求或性冲动不是错误、下流的,而是正常、健康的,它们像吃饭、睡觉、出生和死亡一样普通、自然。正是因为如此,进入青春期的少男少女几乎都会对异性怀有极大的关注。对友情的需求,对异性的好奇,加上浪漫的幻想,混合成一种不同寻常的情感体验,给了少男少女探索自己、认识自己新的经验和机会,不少人从此展示出自己个人生活中最美好、最慷慨、最富有建设性的一面。因此,当你意识到自己对某个异性有了好感的时候,千万不要惊慌,因为这是青春期中很自然的现象,但是也不要过度放大,把好感当"恋情",在这个心里出现朦胧情感的时期,应该提醒自己注意早恋对学习的影响,不要陷入情感困境。所以,如果你能把握好的话,妈妈不会干涉你与异性的正常交往,这是你的青春权利。

不过,虽说性冲动是自然、健康的,但并不是说我们就可以任由它的支配。如果要把性冲动变成一个人性格发育中的积极因素,就意味着它必须受到适当的控制。

妈妈知道,你这个年龄的女孩,大多有一颗攀比的心,看到周围同学在谈情说爱,可能会觉得,如果自己不谈恋爱,或者明确反对谈恋爱,就好像很落伍一样。有些女孩就是在这样的心态下，为了证明自己长大了，为了满足自己的优越感，或者为了显摆，于是开始谈恋爱了。妈妈希望你不要有这种心理。当周围同学有人谈情说爱时，千万不要见样学样。因为当你刚刚步入青春期的时候，你对于爱情的认识并没有达到一个成年人的状态，还不知道真正的爱情是什么样子，感情是什么样子。

你需要清楚地知道：对某个男孩的好感并不等于书上常说的爱情。爱情是指经济独立、人格成熟的两个异性经过一段时间的交往，彼此有了深入的了解，从而建立起来的持久的亲密关系。而青春期的男孩女孩的人格还不成熟，性情尚不稳定；由于生活阅历有限，对人对己的认识还比较肤浅；再加上现在属于学习阶段，你很可能不了解自己未来的生活方式，当然也就不知道自己未来需要什么样的人来做伴侣。因此，将朦胧的好感当作爱情的萌发，现在就匆忙地与某个特定的异性建立深厚的个人关系，就好比是冒险地踏进一片虽开着奇花异草，同时也暗藏陷阱的森林。也许你会因此而遗憾终身。

那么，我们以后怎样和异性同学恰当相处呢？妈妈给你提两点建议。

一是群体交往。最好多参加有男女生同时参加的群体活动。由于同时与几个异性交往,你可能不像面对某个异性那么紧张、羞怯,更容易自然地表达自己,这样有助于培养自己以平常心与异性相处。另外,在群体活动中,你更有机会了解不同的异性,因为一个人在群体中的表现比他在某个异性面前的表现更为真实。如果经常只和一位异性单独交往,实际上就失去了了解其他异性的机会。

二是浅交。不要一下子与某个男生确定很深的个人关系。青春期少男少女之间的好感很容易变化。如果没有经过深入的了解就将两个人的关系定性为恋爱,当感情发生变化时会给双方带来不必要的伤害和麻烦。与多个异性保持平等、广泛的交往有助于给两个人关系的发展留下一些余地。

有没有男生给你递过小字条呢

孩子,说实话,你有没有收到过男生递来的"小字条"?妈妈不是想打探你的隐私,事实上,妈妈上学的时候也接到过。妈妈只是觉得，作为过来人有必要给你提个醒。那些男孩子，到了青春期以后就认为自己已经长大了、成熟了，有能力谈恋爱了，有能力谈一个女朋友了，于是他们就会给自己喜欢的女孩写小字条或者写信，表达他对女孩的爱慕之情。

当你收到这样的小字条的时候，必须学会冷静处理。有时候，这个写着字的小纸条会让你很动心，因为这个时候的心理是特别敏感的，这些"小字条"会引起内心的涟漪。

收到男孩的小字条的时候，不要过于高调地展现在他人的面前，因为这样可能会伤害到男孩的自尊，会让男孩成为别人的笑柄。但是，也不要去回应他，不要说你拒绝的话，也不要委婉地劝他不要这样，因为你的任何行为都可能会对男孩的心理造成误解，所以就当作没有收到过任何纸条，跟平时一模一样，放学之后悄悄地扔到垃圾桶里就可以了。

今后呢，在与这个男孩相处的过程中，一定要做到自然，同时也要把握好一个相处的度。尽量减少与这个男孩相处时单独在一起的时间，或者避免单独在一起做事情，以免造成不必要的误会。

在与这个男孩相处的过程中，最好是以集体交往为好，比如课堂上的讨论发言，课后的议论说笑，课外的游戏活动，等等。这样不会让这个男孩心里以为你是故意与他单独相处，又不会破坏你们之间正常同学之间的情谊。

最重要的就是不要经常与他单独相处。

因为，异性之间在生理上、心理上毕竟是有差异的，不能用对待同性朋友的方式去对待、处理异性朋友之间的关系。

当那个男生邀请你一同参加某项活动，比如听音乐、看电影、观画展、逛书市等在公共场所的活动，完全可以大大方方地赴约，因为那是正常的、公开场合的两性交往。在与那个男生相处的过程中，既要做到不过早地萌动情爱，又不因回避或拒绝异性而对交往双方造成心灵伤害，你应该做到自然、坦荡、不使对方产生误解和非分之想。

现在的你，还不应该动牵手的念头

孩子，今天你一从外面回来，就把我拽到你的房间，红着脸扭捏地对我说："妈妈，有一个男孩向我表白了。"我当时也起了兴趣,问道:"是谁啊?"你红着脸说:"就是小董啊!"喔!妈妈知道了,小董就是你天天挂在嘴边的那个男孩子,高高帅帅的。于是我问你:"那你喜欢他吗?"你不好意思地跟我说:"嗯,喜欢!"答案在妈妈的预料之中,我沉默了一下,你看着我没有说话,就小心翼翼地看着我问:"妈妈,你会嘲笑我吗?"我立刻就笑了:"怎么会呢!小董是个很好的孩子啊,你喜欢他是理所当然的啊!"你好像放心了,然后你轻轻地问我:"妈妈,那我可不可以和他交往看看啊?"看得出来,你很希望妈妈支持你,希望可以开始一段美好的恋爱。可是孩子,妈妈现在想和你说的是,在你这个年纪,是不应该将重心放在恋爱上的。

孩子,首先谢谢你把妈妈当作朋友似的知无不言,这证明爸爸妈妈一直以来的教育方法并没有错。在你遇到事情时知道征询妈妈的意见,不像别的女孩子,因为怕父母反对,就偷偷摸摸地按自己的想法去做了,这是让妈妈觉得很欣慰的地方。孩子,你是妈妈心中的宝贝,对于那些能够让你快乐的事情,妈妈一向都是抱着支持的态度,但是在结交男朋友这件事上,妈妈还是希望你能慎重地考虑一下。现在的你,还只是一个十几岁的孩子,像娇弱的小花一样经不起风吹雨打。而你喜欢的男孩也只有17岁,就

第四章 / 少女心思：说说那个叫"爱情"的东西

像是一棵正在成长的小树。小树还不够茁壮，庇护不了柔弱的小花，你们之间的那点爱情很可能因为现实中的风吹雨打而失败，留下的只能是遗憾。

而且，孩子，现在的你，心智尚未成熟，价值观也尚未稳定，对于未来，还没办法做出很好的打算。所以目前最重要的事情就是好好学习，努力提高自己、提升自身各方面的能力，保持积极向上的心态，这样才能有美好的未来，才能有美好的爱情。

孩子，妈妈要告诉你，爱情不仅仅是简单的好感就可以，它更需要的是一份责任，需要付出很多，两个不成熟的、之前还在父母的庇佑下生活的孩子，哪里有能力去独立经营两个人的爱情呢？孩子，不管是来自你身边正在上演的事例，还是你从电视上看到的爱情，它们可能都会给你一种"恋爱＝浪漫"的感觉，但是仔细想想你就能发现，这种浪漫其实是需要有一定的经济基础的。在你们一切还靠父母的情况下怎么可能去谈一场毫无负担的恋爱呢？而且现如今的你，正处在学习的黄金期，如果在情感这方面投入了太多的精力和时间，那么自然而然你在学习上的精力和时间就会大大减少，成绩下滑也是必然的事。届时，家长的责备、老师的询问、竞争对手的幸灾乐祸都会让你对之前的行为感到后悔。尤其是当大学的录取通知书下来的那一刻，看着别人欢欢喜喜进入理想的大学，你难道不会后悔没有更努力一点吗？也许你可以做得更好。所以孩子，在你还年轻的时候，要用你的理智来调节自己的感情，不要让感情来左右你，纵使真的是有了感情，也该埋在心里，暂时珍藏，让它晚些开花结果，真正的感情是经得起考验的。等一等，为自己赢得走向成熟的时光，那时你就拥有了重新审视的机会，你也能做出正确的选择。

　　妈妈年轻的时候也曾很喜欢一个男孩子，那个男孩子很优秀，学习好，篮球打得好，长得也很帅气。妈妈只要一见到他内心就忍不住的小鹿乱撞，那时候真觉得最爱的就是他了。可是妈妈的一个最好的朋友也喜欢那个男孩子，她也知道妈妈喜欢他，所以我们两个就约定谁也不要告白，先把情感写进日记本中，等着那个男孩子来选，无论他选择了谁，我们的友谊都会被影响。就这样，我们每天都把自己的暗恋心情写进日记本，可是慢慢地，妈妈发现自己的日记本中也开始记入了其他的男孩子，这时妈妈才意识到，自己对那个男孩子的感觉并不是爱，而是一种佩服、羡慕、仰慕的情怀。因为当有更优秀的男孩子出现时，妈妈的目光就转移

第四章 / 少女心思：说说那个叫"爱情"的东西

了，妈妈的那个好朋友也开始偷偷地告诉妈妈，她发现自己好像也不喜欢那个男孩子了，于是我们两个会心地笑了。

所以，孩子，你看，那个年纪哪里懂得爱情啊，我们只是对于优秀的一种羡慕、一种好感，只是恰好对方和我们不同性别而已。在你这个年纪，对男孩子好奇、有好感是很正常的，谁没有喜欢过某个男孩子啊？可是这个年纪的女孩并不具备懂得爱的情商和智商，你还分辨不出爱和好感的区别，所以孩子，在你还不能承担什么之前，不要把你们之间的关系定位。

不要暧昧，即使长大以后也不要

孩子，听老师说你经常和一个男同学在一起玩，于是我问你是不是喜欢那个男孩，结果你很干脆地告诉我：当然不是！我只不过觉得他那个人不错罢了，所以邀请我一起出去玩我便没有拒绝，因为我不知道该怎么拒绝他……孩子，听你这么一说，我不禁担心起来，孩子，你这种暧昧的态度不仅会造成对别人的伤害，同时也会伤害你自己。接下来，妈妈就要和你说说这个关于暧昧的话题。

孩子，你已经进入青春期，随着荷尔蒙的分泌，你会喜欢上某个男孩，当然，也会有男孩喜欢你，这都是很自然的现象。当然，妈妈是不提倡早恋的，因为此时你才十几岁，未来有太多不确定的因素，而且一旦陷入恋爱，你的精力是注定不能再放在学习上了。所以，孩子，相信现阶段的你，从内心里还是希望自己把重点放在学习上的。

可是，这时候突然有个男孩子对你表示好感，你该怎么办呢？拒绝他吗？你一定觉得，作为朋友或者同学，你们总有机会再见面，如果你拒绝了对方，那么下次大家再见面岂不是很尴尬？但是现阶段的你，并不希望与对方发展成为男女朋友，但是又不想拒绝，那么最常见的局面是什么呢？你和他处在了暧昧的状态下。

他经常打电话对你嘘寒问暖，你也报以礼貌的回复；他会送一些小礼物给你，你接受，然后偶尔也会回送一些给对方；他约你一起外出游玩，恰好你也正想去，于是你

欣然同意……时间久了,你们成了理所当然的男女朋友,虽然你自己可能并不那么认为,但是在男孩和外人的眼里,你们已经是了。

这样会造成什么样的结局呢?

首先,被人误会,错过正确的人。外人误会你已经有了男朋友,那么他们中的大多数都会认为你已经名花有主,所谓"君子不夺人所好",至少大部分的男生不会插足做别人的第三者,所以你就会那么悬着,没有人再来追求你。即便有一天你遇见了喜欢的男孩,想要跟对方交往,对方也会因为你与别人的暧昧而对你敬而远之,因为极少有人会喜欢做第三者。

其次,女孩的名节更重要,坏名声一旦传出去,可能会误了你的终身。可能你自己觉得无所谓,暧昧就是暧昧,那不是爱情,你或许与许多人产生过暧昧,你自己很清楚那不是恋爱,但是在别人的眼中,可能就是另一种看法,那就是你是个轻浮的女孩,身边总是会更换交往对象。无论你知道不知道、会不会反驳这种谣言,它都会传播到很远的地方,以后大家说到你,第一印象可能就是你是一个很轻浮的女孩,这样的女孩子是靠不住的。甚至,他们可能会把一些污秽的字眼用在你的身上。孩子,年纪轻轻的人因为阅历的关系，可能对这个社会的认识还不够深刻，但是有一点你必须清楚，这个社会对女孩子的要求是更为严苛一些的，尤其是一个女孩子的名节，在众口铄金的现实中，即便是假的，也会被说成铁板一样的事实。而这个所谓的事实一旦传扬出去，那么你的名声也就彻底被摧毁了。如果有一天你遇到了一个自己真心喜欢的人，但是你的名声却已经毁了，那么对方可能会被你的坏名声吓到，你就失去了与人进一步交往的机会。或者退一步，即便对方不在乎或者可以理解你，但是他不能让所有的人同样理解你。无论是婚前还是婚后，你都有可能会因为之前的暧昧而得不到对方亲友的认可。

最后，对方可能会生气、伤心甚至恨你。如果某个男孩和你一直暧昧下去，虽然你不曾承认和他的关系，也不曾接受他的爱，但是却一直愿意做和他游玩、吃饭、做功课、看电影等男女朋友之间经常做的事情。那么他会认为你就是这样一个含蓄的人，你的沉默就是一种默认，那么顺理成章地，他把你当作了他的女朋友。时日一多，他对你的感情也就越变越深。可是当某一天，你的身边又出现了别的男孩，那么这个自认为是你男友的男孩一定觉得无法接受，他会生气、失望、痛苦，甚至绝望到伤害自己的

第四章 / 少女心思：说说那个叫"爱情"的东西

生命。

看到了吗，孩子？暧昧或许让你不得罪朋友，也或许可以让你享受被人追求的快乐，但是，你失去的却远远多过这些。所以，为了你的名声，也为了不让任何人受伤，孩子，在你不喜欢或者不确定自己是不是喜欢某个男孩子的时候，就别再畏惧伤害别人，坚定地拒绝他，不要做任何让人误会的事情。

当然，孩子，随着时间的推移，你也会遇到一个自己喜欢的男生，当这个男生知道你喜欢他，但是态度依然暧昧的时候，你就应该明白：这个男人是不喜欢你的！如果他喜欢你，一定会接受你做他的女朋友，这个道理你还是要明白的。

总之，孩子，当你遇到不喜欢的人向你表白的时候，你一定要清清楚楚、明明白白地告诉对方：谢谢你的厚爱，但是你不是我喜欢的类型，我们还是做普通朋友吧！你的坦白可能会让你失去一个朋友，但是相对于暧昧而言，这个牺牲是值得的。

"禁果"不好吃,绝对不能尝试

昨天你放学后回家,一脸神秘地对我说:"妈妈,我们班的悠悠今天被教导主任叫到办公室了,还有隔壁班的一个男生,好像是两个人在学校后门拥抱被教导主任看到了。"说到这里,你的脸一下子红了。孩子,妈妈最近正想找个机会跟你说说这个比较不好开口的男女关系的问题,在这个事情上,妈妈希望你今后能少走弯路。

孩子,时光流逝,不知不觉中你已经出落成了一个大姑娘,容貌精致,身材高挑。当初医生告诉妈妈生出来的是个女孩子时,妈妈就知道自己要对你花更多的心思,并不是妈妈不喜欢女孩子,而是作为一个女孩子,由于和男孩子的生理结构不同,以后需要承担的社会角色和社会责任也会不同,相比男孩子来说,女孩子更容易受到伤害。所以妈妈需要对你付出更多的爱、告诉你更多的事情,其

第四章 / 少女心思：说说那个叫"爱情"的东西

中最重要的一点就是女孩子一定要学会保护自己。

相信你已经开始收到一些男孩的示爱信件或者其他表示。而你的心目中可能也已经有了倾心的男孩子，或许你们有一天会开始交往，像真正的恋人那样相处，这是难以避免的，每个女孩子都会经历这一步。但是对于你们这个年纪的孩子而言，恋爱归恋爱，妈妈希望你能保持清醒的头脑，不要做出越轨的事情。毕竟，你们的年纪还很年轻，未来对你们来说还如同白纸一般，心理也并未成熟，对自己真正想要什么并不清楚。你们的恋爱往往是由于对异性好奇，希望得到异性的青睐。还有，现在的年轻人中流行早恋，而年轻人又容易从众，当恋爱成为风潮时，自然自己也会想找一个男朋友，而这个男朋友可能并不适合你。

近年来，我们从电视、报纸等新闻媒体上看到的未婚先孕、早恋酿成恶果的新闻越来越多。每每看到这些新闻，妈妈就会觉得很痛心，仿佛是自己的女儿一般。孩子，你还小，可能不清楚"未婚先孕""堕胎"这些词对女孩而言意味着什么。有这些经历，一个女孩子会被未来的丈夫歧视、会在街坊邻居面前抬不起头、人们在背后永远都会对她议论纷纷，父母同样也会因为她的这段经历而颜面尽失。同样还有对她身体的伤害，一个女孩子很可能会因为堕胎

- 091 -

而永远都无法再孕育孩子！你记得外婆家隔壁的那个叫琳琳的姐姐吗？你不是问妈妈她为什么年纪这么小就不读书了吗？妈妈今天就给你讲讲她的经历。

　　琳琳是个很漂亮也很独立的女孩，从小学到初中，琳琳的成绩一直都是名列前茅的，琳琳的父母提起自己家的孩子就觉得很骄傲，但是这种局面并没有持续很久，琳琳自从考上了重点高中之后情况便发生了极大的变化。

　　放眼全班，几乎全是优等生，而琳琳的成绩也就是个中等而已。这让从小就生活在光环中的琳琳很不适应，她开始变得消沉起来，这时候，一个男孩子走到了她的身边。这个男孩叫郑松，成绩在班级里数一数二，他对琳琳很关心，经常帮助琳琳解决学习上的问题，有时候琳琳在生活上遇到什么困难也会向郑松求助，郑松都会毫无怨言地帮她解决。渐渐地，琳琳与郑松演变成了男女朋友的关系，他们一起学习，也经常暗递情书，周末的时候是他们最开心的时刻，因为那时候琳琳便会与郑松到公园、电影院等一切适合约会的地方进行约会。

　　青春萌动的郑松很快便对琳琳提出了性要求，开始的时候琳琳很害怕，最终拒绝了他，郑松很是失望，情绪也

第四章 / 少女心思:说说那个叫"爱情"的东西

不好了,这使得琳琳心怀忐忑了一个星期。后来他又连续纠缠了琳琳好几次,并表示以后自己一定会和琳琳结婚的,琳琳终于还是心软了,把自己的全部交给了郑松。

郑松食髓知味,每隔一段时间就要和琳琳亲热一番,没过多久,琳琳就发现自己怀孕了。当她把这个消息告诉郑松时,两个人都吓坏了,他们还是高中生,怎么可能生孩子呢?但是他们又不敢和父母说,于是郑松便带着琳琳去了一家小诊所,通过口服避孕药让孩子流了下来。琳琳很害怕,她哭了。但是郑松却安慰她自己会一直在她的身边。但是琳琳还是很快就吃到了苦果,她每隔一段时间就会觉得小腹隐痛,有一次在家里居然还疼得晕了过去。爸爸妈妈把她送到医院一诊断,这才发现了琳琳已经因为流产不完全而造成终身无法生育的事实,琳琳父母勃然大怒,让郑松的父母负起责任,郑松信誓旦旦地表示自己以后一定会娶琳琳。就这样琳琳在经过了一年的治疗之后重新回到了学校,但是这个时候她已经没有心思再学习,在高考落榜之后便选择了打工,一门心思地等郑松毕业之后结婚。

但是几年过去之后,郑松竟然同琳琳提出分手的要求,因为他的父母希望能抱上孙子,而他自己,也喜欢上了别的女孩,琳琳难过得痛哭流涕,却一点办法也没有。

孩子,琳琳的教训并不是最惨痛的,女孩子因为偷吃禁果,进而堕胎造成终身不孕的例子实在是数不胜数,这样的女孩子不仅失去了孕育孩子的机会,还会因为自己年轻时犯的错误而承受心理上的折磨。作为女孩子,在和男孩子的交往中一定要学会把握尺度,珍爱自己的身体,因为对男孩子而言可能偷吃一次禁果是不足为道的事情,但是这对女孩子以后的生活会造成重大且不可逆转的影响。你已经渐渐长大,以后会有自己的男朋友,也可能会遇到这种情况,孩子,请你一定要记住妈妈的话:守住自己的底线!一个懂得爱自己的人,生活才会爱你。

第五章

破茧成蝶：
从今往后你要学会独自飞舞

孩子，你既然已经长大了，也就要开始慢慢学习独立了。在这个世界里，手心向上的人永远也把握不了自己的命运，或许妈妈不应该为你过多描绘它的现实，或许我应该尽可能地让你在童话世界里再多待一会儿，但强烈的责任感告诉我，我必须让你成为一个不受依赖感所困的女孩。因为只有这样，你才能在未来更好地生活下去。

遇到挫折时，不要哭泣

孩子，那天你回到家，一副哀伤的样子，眼眶红红的，虽然你什么也没说，但是妈妈知道你一定是遇到了不开心的事情。看见妈妈，你扑过来，眼泪又跟着簌簌而下。当你哭泣着把事情原委告诉妈妈的时候，我忍不住暗暗叹息，孩子，就是这么一点点的小事，你就好像碰到了世界末日一样，至于吗？今天，妈妈就要和你说说如何面对挫折和失败的问题。

孩子，现在的你年纪还小，父慈母爱，生活无忧无虑，好像生活在蜜罐中一样，所以很少经历挫折和失败。但是孩子，你必须明白，从你走进学校开始，你就必须开始面对竞争，你想要有更好的成绩，想要有更出色的表现，想要成为老师心目中的宠儿，想要成为同学们中间的领

第五章 / 破茧成蝶：从今往后你要学会独自飞舞

袖……因为你想要让自己在家庭中受到的宠爱继续延续下去。当然，这并没有错，孩子，追求上进的人是永远值得所有人尊敬的，但是孩子，你应该知道，当一个人决定要力争上游的时候，他必然会面对许多挫折，当然也有失败，因为这个世界上有太多的竞争者，也有太多对你不利的因素。当你决定了要不平庸的时候，你就必然要有接受打击的准备。

话是说到这儿了，但是孩子，你必须知道，说起来容易做起来难。或许你曾经设想过无数次挫折来临时自己应有的状态，但是当它真的来了的时候你却发现，说和做其实是两码事。如果你遇到了挫折，你可能会感受到前所未有的挫败感，甚至感觉前途一片灰暗，你是如此委屈难过以至于完全没有力气再次爬起来，任凭你的对手尽情地嘲笑。孩子，如果你这样做了，那么妈妈会更加难过。这种难过，不是源于你的失败，而是源于你面对失败的态度。

她的命很苦，在2岁的时候爸爸就去世了，妈妈含辛茹苦终于把她带大，为了让她过上好的生活，每天辛辛苦苦地做两份工作。她也很争气，考上了本地最有名的大学，并在毕业后找到了一份很不错的工作。很快她便恋爱了，她感觉到了前所未有的幸福，男朋友长得很帅，事业有成，大家都说她命好，苦尽甘来了。妈妈也很为她骄傲，筹集了一笔钱准备给她做嫁妆。他们的婚事很快提上了日程，但是很不幸的是，在她结婚前，这个出色的男朋友在一场车祸中去世了。女孩听到这个消息，立刻控制不住晕了过去。男友去世的消息对她的打击是巨大的，女孩花了很长的时间才接受了这个事实。后来只要有人提到结婚、男友、丈夫之类的话题，她就忍不住眼泪扑簌簌地落下来，开始的时候大家都体谅她的苦，小时候死了爸爸，长大死了未婚夫，这也太凄惨了啊！所以大家都安慰她，听她倾诉对男朋友的思念之情。有时候她心情差了不想上班，领导会网开一面。但是一年过去了，女孩还是沉浸在悲痛中，总是一副愁眉苦脸的样子，上班也是三天打鱼，两天晒网，同事们也都怕了她，没有什么人愿意再和她说话，唯恐被她拉住说那段说了好多遍的悲痛往事，有时候大家议论她，言语也渐渐从同情可怜变成了鄙夷蔑视。领导也不愿意看到她，偶尔安排工作也是简单说完就走。终于有一次领导心情不好，炒了她的鱿鱼。女孩这下子更觉得自己成了世

第五章 / 破茧成蝶：从今往后你要学会独自飞舞

界上最悲惨的人，她每天窝在家里以泪洗面。家里没了收入，妈妈不得不再次出门找工作，靠着给餐馆洗碗挣够两个人的饭钱。有时候那些亲戚也会给女孩介绍对象，但是对方看到女孩忧郁的样子，都没了感觉。当然，女孩出门找工作也进行得不顺利，母女俩的日子越过越窘迫。终于有一天，妈妈也累病了。女孩在病床上看到妈妈瘦削的脸庞与横生的白发时，才发觉原来母亲在这一年里好像老了十岁！她扑在母亲的怀里失声痛哭，发誓一定要站起来，让母亲过上好日子。就这样，女孩把和前男友有关的物件全部丢弃，重新变换心情找工作。很快她上班了，像什么都不曾发生过一样努力工作，她的成绩很快被大家看到了，那些原来的朋友又回来了，那些曾经看她笑话、可怜她的人再也笑不出来了。

孩子，虽然你现在还小，但是终有一天你会明白，把快乐和别人分享、把悲伤留给自己的人才是无私的人，人都是自我的，没有人希望听到你说那些不好的事情，他们更喜欢快乐的你，喜欢你带给他们的那些正能量。当然你可以说，也可以找到一些听众，但是那些听众要么是幸灾乐祸，要么就是真心悲痛。把让亲者痛仇者快的事情说出来有意义吗？所以，无论你遇到了什么挫折或者失败，都要敢于像个强者一样站起来，不要抱怨，也不要一蹶不振，你的毅力和坚强会让人为你喝彩，也会赢得别人的尊重。

孩子，当你遇到挫折，请不要哭泣，更不要期盼别人的安慰，勇敢地站起来吧！别给别人歧视你的机会，也别给别人欺负你的机会，那些敢于站起来的人才能获得别人的尊重，机会也更青睐那些勇者。所以孩子，当你遇到挫折或失败，千万不要倒下，擦干眼泪，抚平伤痛，像没有发生任何事情一样站在那儿，学会用坚强赢得一切，这也是你变得更加强大的前提条件。

不要一味渴求别人的怜悯和帮助

那天你回来，一脸的闷闷不乐，经过我仔细询问，你才说出了事情的原委。原来，在上体育课的时候你摔倒了，

第五章 / 破茧成蝶：从今往后你要学会独自飞舞

但是老师并没有帮助你，同学们也各玩各的，没有人安慰你，也没有人扶你起来，因为他们的注意力都在比赛上。"我感觉糟糕透了！"你狠狠地说。孩子，我不知道你是出于什么原因而感觉如此糟糕，但是你必须知道，在这个世界上，你是为自己而活，别人的目光和行动不应该影响到你，你也不需要任何人的怜悯，妈妈接下来就要和你说说这个问题。

孩子，在这个世界上，每个人都会经历一些让人悲伤难过的事情，有些人甚至因为一些挫折和失败而再难以站起来。在这种情况下，人最需要的就是一些鼓舞，关键时刻有人伸一把手或者一声鼓励就可以温暖你的心窝。但是，孩子，你必须知道，这是一个忙碌的社会，每个人都有自己的事情要做。每个人关注自己的时间和精力远远超过对外界事物的关注，如果你总是渴望能从别人那里得到一些慰藉或者怜悯，那么孩子，妈妈不得不遗憾地告诉你，你注定是要失望的。无论到什么时候你都要记住，你的事终究是你自己的事情，你自己的命运也只能由自己来主宰，你不能把自己的希望都寄托在别人的身上，也不要把自己的伤痛告诉不相干的人，别人的怜悯或许会让你的精神得到一种释放，但是除了这些他们不能给你任何东西。所以，无论到什么时候你都要记住：不要祈求别人的怜悯，不要渴求别人的帮助，你的人生应该由自己来承受，其他任何人都给不了你什么。

20世纪70年代，一个名叫史蒂夫·巴里尔的人正在体育馆里练习蹦床，他希望能通过练习让自己在棒球比赛中表现得更加出色，但是恐怖的事情发生了——在从蹦床上进行后空翻的时候，他摔断了脖子。几乎所有的人都被当时的情景吓坏了。教练把史蒂夫·巴里尔搂在怀里，鼓励他，让他一定要等到救护车来，只要他坚持下去，就一定能活下去。史蒂夫·巴里尔像平时一样和他的教练耍贫嘴："当您的脖子被摔断的时候，您还能活下去吗？"

终于，在几十分钟之后，史蒂夫·巴里尔进了医院，但是在经过漫长的治疗之后，史蒂夫·巴里尔并没有站起来，他瘫痪了，浑身上下只有头部能正常工作。但是史蒂夫·巴里尔并没有因此而绝望，在住院的一年时间里，他申请攻读约翰·卡罗尔大学心理学专业，并努力学习用嘴巴叼着笔写字。虽然他不能像正常人一样翻书、读书、写

第五章 / 破茧成蝶：从今往后你要学会独自飞舞

字，但是他却依然坚持了下去，这一坚持就是20年。人们总是希望以各种方式向史蒂夫·巴里尔表达自己的同情，但是史蒂夫·巴里尔统统回绝了，他的人生，他一定要自己走，不管怎样，他的命运都应该由他自己主宰。终于，在经历了20个寒暑之后，史蒂夫·巴里尔完成了他的学业，又过了些年，他完成了博士课程，用自己的专业技能帮助了一个个和他一样饱受病痛折磨的患者重新站起来。谈及自己已经过去的人生，史蒂夫·巴里尔很平淡地说，他喜欢自己所从事的一切，帮助所有绝望的人站起来让他感受到了成功的喜悦。

一个人身体全都残疾了，还能做什么呢？从前喜欢的游戏也不能去玩了，从前的工作也不能再做了，外界的人全都认为他肯定会自暴自弃。但是史蒂夫·巴里尔并没有被外界的评价打倒，因为他从来都是一个坚强的人，根本不会在乎外界的人对自己究竟抱着怎样的看法。在他的心目中，一直有一个声音在告诉他，只要坚持下去，就有重新走出阴霾的可能！所以无论在什么时候，他都没有被别人的言语所影响，因为他明白，别人并不能帮助自己什么，接下来的人生之路还是要自己一个人来走。所以他从不苛求别人的怜悯，而是一直在按照自己之前所规划的人生道路来行走，最终创造出了常人不可想象的奇迹。孩子，随着你年岁的慢慢增长，你的阅历也会慢慢增加，妈妈相信你一定也能明白，在这个世界上，真正能帮到你的人只有自己，渴求别人的怜悯除了会混淆你的视听，影响你的斗志之外，对你的未来没有任何助益。一个成功的人，首先应该是一个有主见、有担当的人，这是成就事业的基础。所以，孩子，从今天开始，你就要学着做一个有思想并敢于去做的人，不要等待别人的怜悯与认可，做你自己，因为人生只有一次，你要在这有限的时间里去做自己想做的事。妈妈最后还要告诉你两句话：

1. 不要把自己的伤痛随便告诉别人，这样你虽然得到了一些廉价的同情怜悯，但是你失去了一个在别人心中的形象。而且，如果你说出了自己的伤痛，那只会给别人再次伤害你的机会。

2. 按照你设定的路线来走，即便跌倒了也要告诉自己这是一种必然，一路顺风只是一种祝愿，少许波折乃是一种必然。所以，在你跌倒的时候，重新站起来，告诉自己

这是必然的，抚平伤痛继续前行才能得到自己想要的东西，这才是最明智的做法。不要让别人的怜悯来浪费你自己的时间。

任何人的离开，都不要伤害自己

孩子，那天你回到家，神情颇为悲伤，两只眼睛红红的，很明显是哭过了，见你这么伤心，于是妈妈便上前询问缘故，你哭哭啼啼地说："苏要转学了……她可是我最好的朋友，现在她要走了，妈妈，恐怕我以后再也遇不到那么好的朋友了……"听完你的倾诉，我的心中顿时释然。孩子，在这个世界上，聚与散都是极平常的事情，我们要用正确而积极的态度来看待它，下面妈妈就和你说说这个问题。

孩子，你已经渐渐长大，与人离别的机会也会越来多。记得小的时候,每个工作日,你都要同爸爸妈妈告别,开始的时候你哭得跟个泪人一样,抱着爸爸妈妈的腿坚决不让我们走,那凄楚的哭声好像要失去全世界,但是孩子,待时日稍过,你便接受了这个事实,以后爸爸妈妈上班,你还挥着小手同我们告别。3岁你去了幼儿园,但是你很不情愿离开家,也不肯让妈妈离开。于是在妈妈离开之后,你便撕心裂肺地哭,抓紧了学校的铁门无论如何都不肯松手。但是过了几天,当你和幼儿园里的小朋友渐渐熟悉起来,你不但不再畏惧去幼儿园,甚至还会在周六周日的时候也吵着要去幼儿园玩耍呢!看看,孩子,当初你就是这样,为了一个小小的离别而哭得肝肠寸断,但是时间会让你渐渐习惯这些变化,离开了爸爸妈妈,你依然可以很开心地游戏、学习。所以孩子,与最好的朋友的分离也没有你想象的那么恐怖,还是那句话,时间会让你慢慢习惯她不在你身边的日子。

也许你会反驳,爸爸妈妈的离开只是暂时的,但是好朋友一旦离开,可能就会一生再无相见。其实孩子,你完全没有必要担心这些,朋友远没有你想象的那么不可或缺,没错,有的人可能是一生难以寻觅的知己,离开了他(她)

第五章 / 破茧成蝶：从今往后你要学会独自飞舞

你很难再寻觅到同样心意相通的朋友，但是，孩子，你必须明白，你的日子还是会继续。再说了，现如今通信手段如此发达，你们之间的友谊依然可以通过网络、电话、短信来联系，所以，朋友的离开，没有什么大不了的，离开了谁，地球都会照转，你一样可以很好地生活。

孩子，你必须明白，与朋友的分离只是一个开始，在之后的人生中，你必然会面对更多的离别。在这个世界上，有些人可能是你生命的恒星，但是更多的人是你生命中的流星，刹那间从你的身边经过，不作或稍作停留，但是最终都会消失。再过些年，一定会有一个让你心动的男孩子对你表达他的好感，你忍不住接受了他的爱，你们恨不得每时每刻都待在一起，一起吃饭看电影，一起逛街玩游戏，说着说不完的情话。在你的世界里，好像只有这么一个他，爸爸妈妈亲朋好友的光辉几乎全部淡去，若有人阻碍你与他相会，你一定会很生气很生气。说到这里，你一定会连连摇头，不可能，怎么可能会有人比爸爸妈妈更重要呢？孩子，请你不要急着反驳，时间会证明妈妈说的并不仅仅是一种臆测，初恋的魔力只有身处其中的人才能体会。但是，就像人们常说的，初恋中人往往都会因为不成熟最后分开，妈妈自然希望你不会遇到这种情况，但是万一，我只是说万一，你和他分手了，成了两个不相干的人，那种感觉可能会让你觉得十分痛苦，甚至会觉得自己再也无法生存下去。为了减少自己的痛苦，你放下身段不顾尊严地去哀求对方留下来，但是这样强求来的爱情会有滋味吗？不管怎样，我都认为如果你们之间的矛盾和分歧已经到了不可调和的地步，再去强求已经没有丝毫意义。还是那句话，不管你有多痛苦、多难过，时间会抚平你的伤痛。

还记得小姑姑以前那个胖乎乎的男朋友吗？他总是笑眯眯的，每次看到你都会忍不住把你抱起来举得高高的，你笑得开心极了，每次胖叔叔要走，你总是依依不舍地问他："叔叔你什么时候再来啊？"每次叔叔都会回答你下周，但是自从那一次小姑哭着跑回家整整一个星期没出门之后，那个胖叔叔再也没有出现过。那次你问我胖叔叔为什么这么长时间没来，我说胖叔叔的家里发生了一些事，他需要很久很久之后才能回来，其实我没有告诉你，小姑姑已经和胖叔叔分手了。那段时间小姑姑每天待在家里，一想起胖叔叔就哭，什么饭也吃不下，有一次还瞒着大家

第五章 / 破茧成蝶：从今往后你要学会独自飞舞

买来一瓶安眠药想要自杀，好在爷爷发现情况不对，赶紧把小姑姑送去了医院，小姑姑才没有生命危险。再后来呢？小姑姑好像想明白了一样，再也没有干过这种傻事，她把精力全都用在了工作上，再后来，小姑姑就结婚了，婚后一年后还生了个白白胖胖的小宝宝。从那之后，小姑姑脸上的笑容越来越多，生活也越来越幸福，后来小姑姑说，幸亏当初她没有做傻事，不然就没有办法拥有现在这么幸福的生活了。

看到了吗，孩子？无论曾经投入过多么深刻的感情、无论在分离的时候有多么痛苦，时间都会让这些痛苦和感情慢慢转淡直至消失，也许在某日你会回想起那个曾经让你依依不舍的人，但是心中可能早已没有任何感觉。孩子，无论到什么时候你都应该明白，在这个世界上，地球每天都会自转，太阳每天都会升起，没有谁离不开谁，也没有谁跟谁永远不可分离。所以，孩子，无论什么人离开了你，你都要坚强、淡定，别过于难受。

孩子，任何人的离开都不值得我们伤害自己，这个世界上最爱我们的人还是我们自己，不要为任何人伤害自己，否则，将来带给我们的只有无尽的悔恨。无论是朋友、男友,还是爱人,任何人的离开都不能阻止我们爱自己,生活会继续下去,我们也会随着时光的流逝将那些曾经在我们生命中最重要的人淡忘。

只有自己赚的钱花着才最踏实

　　你在渐渐长大,懂得了通过网络浏览各种信息,那一天,你突然对我说:"妈妈,做女明星真好!"我听了有些摸不着头脑,你接着说:"明星们经常会收到粉丝的礼物啊,还有大富豪会馈赠礼物给她们呢!你和爸爸不是总想着换个大房子吗?如果我做了女明星,说不定就有大富豪赠送一套大房子给我们呢……"听了你的话,我的后背几乎要冒出冷汗来。我相信,一定有不少女孩子因为受到这种不正确的舆论导向的影响而萌生坐享其成的念头,孩子,今天妈妈就要好好和你说说关于经济独立的问题。

第五章 / 破茧成蝶：从今往后你要学会独自飞舞

孩子，随着青春期的到来，你心中会越来越清晰地认识到男女生之间的差别，对男女交往的事情也会越来越关注。生活中和电视上几乎每天都出现男孩追求女孩之类的事情，男孩尤其是那些事业有成的男孩往往会送花、送礼物、送钻石，甚至送别墅给女孩，然后女孩很优雅地接受这一切，答应同男孩交往。至于结婚之后的情节，一定少不了少奶奶天天不上班在家享受生活的桥段。孩子，面对这一切，你必须有个清醒的认识，电视剧、电影里的情节就让它们一直存在于影视中吧，在现实生活中，还是花自己挣来的钱最踏实。

小舞通过朋友介绍，认识了一个男孩子，这个男孩子开始的时候对小舞特别好。在他们交往的那段时间里，男孩经常变着花样逗小舞开心，每天带她去不同的饭店吃饭，小舞缺什么了他都会帮她置办，小舞觉得这都是很自然的事情，男朋友嘛！花他的钱是应该的。但是不久之后，小舞和男孩因为意见不合分了手，男孩就开始向小舞追讨他之前送给小舞的所有东西，就连一起吃饭的账单也拿出来与小舞AA制平分。男孩子拿着计算器噼里啪啦地算下来，让小舞还

36274.5元给他，否则就法庭上见。小舞的心都凉了，原来男孩子表面上的大方、毫不在意都是装出来的啊，要不怎么交往这么久的账单、收据全都保存得如此完整呢？

  孩子，无论什么时候都不要指望着去花别人的钱，靠山山倒，靠人人跑，只有自己才是你自己的靠山。当然，现在的你，可以从爸爸妈妈这里拿钱，这也是唯一两个可以无偿为你提供经济援助的人，但是孩子，爸爸妈妈总有一天会老去，当我们没有能力供给你的时候，你就必须靠自己了。

  从你自己的角度来说，花自己挣来的钱才是最舒服的。你仔细想想，你用自己的体力和脑力挣来的钱，想怎么花就怎么花，想花多少就花多少，只要在自己的能力范围内，不需要征求任何人的意见，这样的感觉是不是很美妙？所以孩子，请千万记住，在恋爱的时候，不要把对方肯不肯为你花钱作为他是不是爱你的标准。花自己的钱，如果有一天你不喜欢他了，也可以理直气壮地和他分手，而不至于因为花对方的钱而愧疚导致无法开口。即便是你将来结了婚，也不要做家庭主妇，如果有条件的话，就走出去，做个有经济实力的职场辣妈,这个话题好像说得有点远了。但是孩子,不管怎样,你要记住,努力积累知识,拓展自己所长并学着理财,将来你就可以心安理得地花自己的钱,既开心也踏实。

想得到的,要靠争取而不是索取

昨天,你和小姐妹打电话聊天,路过客厅时,我竟然听到你甚是嚣张地说:"你也喜欢她的苹果手机啊?不如明天我们跟她要过来玩几天,她敢不给?"我顿时停住了脚步,真不敢相信自己的耳朵,这还是我那可爱的乖女儿吗?怎么听上去好像跟个土匪强盗一样?孩子,为了你以后的人生之路走在正确的方向上,妈妈今天就要和你说说如何正确地获得自己想要的东西。

孩子,随着时间的流逝,你已经从一个只知道哇哇大哭找妈妈的小毛头变成了一个亭亭玉立的漂亮姑娘。随着你逐渐融入这个社会,你会发现自己想要的东西越来越多,而得不到的东西也越来越多。特别是作为一个女孩子,面临着太多的诱惑,你会想拥有高档的化妆品、漂亮的衣服,甚至想要和某个优秀的男孩子做朋友。孩子,你需要不断地努力奋斗,但是结果却可能不尽如人意。这个时候你可能会觉得:我为什么这么辛苦地去努力还得不到,而有的人不用努力轻而易举就能得到自己想要的。应该有捷径的,比如,从别人手中抢过来……妈妈郑重地告诉你,这绝对是不可取的,抢来的东西,既不牢靠也不能让你心安。面对想要的东西,你一定要有平和的心态,努力地付出劳动,付出汗水,才有可能获得成功。这个道理,适用于你想得到的所有东西。

　　你不是从小就讨厌楼下那个胖胖的阿姨吗?因为她总是借别人的东西不还,有一次把咱家的菜刀借走了,说用一下就还过来,等到妈妈要做饭了去要,她就假装不在家,最后妈妈只好买了一把新菜刀,从此你就非常讨厌她了,因为你觉得这样的人破坏了社会上的公义。但是你什么时候开始竟也变得像个小土匪一样,居然有一次还抢走了邻

第五章 / 破茧成蝶：从今往后你要学会独自飞舞

居妹妹的新玩具，你这样做，跟那个胖阿姨相比恐怕还有过之而无不及吧？如果你真的想要什么东西，现在是可以跟妈妈讲的，妈妈会尽量满足你，以后你进入了社会，想要的东西妈妈满足不了的时候，你就要凭自己的能力，努力地工作去获得，不管到什么时候都不能想着走捷径，生活本来就没有捷径，靠的就是一天天踏踏实实地过日子，本本分分地赚钱。越想在生活中寻找捷径，抱着投机心理的人，越会被生活的棱角磕碰得更惨。

也许妈妈说的会让你感到枯燥，那么，看看下面的故事你就明白了。

小许是个普通的农民工，在一家工地打工，每个月工资只有两千块，和其他工友一样，每天吃着馒头大葱，睡在邋遢的工棚里，每个月把几乎一点不少的工资寄回远在山区的老家里。小许从没抱怨过什么，他觉得所有进城打工的人过的都是一样的生活，他唯一的愿望是：下个月的工资能涨一点，这样就可以多存点钱，到明年就可以回家娶媳妇了……

直到有一天，小许见到了同村的小吴，大吃了一惊，小吴和刚来城里的时候大不一样了，身上穿着皮夹克，脚上穿着锃亮的皮鞋，于是连忙问小吴是不是找到了什么工资高的工厂，是否可以把自己也介绍进去。小吴哈哈地笑了，对小许悄悄地说，自己并不是进了什么工厂，而是跟了一个"好大哥"，专干来钱快的生意。小许听后充满向往，于是便央求小吴把自己介绍给那位大哥，小吴答应了。后来，小许才发现，原来自己进入了一伙黑帮势力，专门干偷盗抢劫的事。小许有点后悔，后来想想自己的梦想，决定先干几把再退伙。小许在参与了几次抢劫后，尝到了甜头，这可比在工地上干活容易多了，而且钱真的来得快，这样下去，不用到明年，自己就能有一笔不小的存款了。

　　没想到的是，小许的发财梦没能实现，公安机关就在一起摩托车抢劫案中抓获了小许，转眼间什么都没有了，家人痛哭，朋友惋惜，小许后悔不已。

　　孩子，看到这个故事，你就应该明白，在这个世界上，没有任何一样抢来的东西是可靠的，如果你想得到什么，就一定要付出自己的努力，用汗水换来的东西才是真正属于你，并且永远不会背叛你的。

第六章

梦想起航：
你的未来还是交给你自己

孩子，也许妈妈现在和你谈人生，你会嫌妈妈唠叨，觉得为时尚早。但既然你已经长大，就应该为自己树立个梦想。现在的你，一定要首先考虑一下真正想要的是什么。假如这一切对你来说非常重要，能够被你视为理想，就千万不要轻言放弃，而是倔强而又优雅地将这条路走下去。

你来到这个世界是有意义的

孩子,今天你从学校回来,脸上的表情很凝重,我问你是怎么了,你先是叹了一口气,然后很郁闷地说,妈妈,为什么在开学一个月之后,老师竟然还记不住我的名字呢?你说是不是我太没有个性特色了,还是老师太不负责任了?我听了你的话,为你敢于质疑老师而高兴,同时,你的问题也让我一时之间不知道该怎么回答,后来我仔细想了想,心里渐渐有了些想法,于是就在今天,妈妈决定和你探讨一下这个让你困扰也曾困扰着妈妈的问题。

孩子,还记得你看到奥黛丽·赫本的时候曾经跟妈妈说过的话吗?那时候你说,妈妈这个女孩好漂亮啊!我觉得有点奇怪,你很少会称赞一个女明星的,因为你曾跟我说过,那些女明星虽然都长得不错,但是总让人觉得好像

第六章 / 梦想起航：你的未来还是交给你自己

缺了点什么。现在我仔细想想，奥黛丽·赫本之所以能给你留下美好的印象，一方面是因为她长得很有特点，另一方面也是因为她除了漂亮之外，身上还有一种很高雅的气质，那种气质，怎么说呢？就好像一阵淡淡的幽香，迷人却并不浓郁，让人不知不觉被她吸引，进而沉醉其中；或者说奥黛丽·赫本像是中国人最常喝的茶，淡然清香，回味悠长，越久越有味道。她的美，很显然不是纯粹出于天然的因素，我想，更多的是来自她的所作所为以及由内而外散发出来的气质。奥黛丽·赫本出现的时候总是面带微笑，那种笑容，不是牵扯一下嘴角就能表现出来的，而是能够让人感受到那种愉悦是发自内心的。这个世界上的美人如此多，为什么偏偏只有奥黛丽·赫本能够穿越历史长河至今仍被人们视为高贵优雅的代表呢？我觉得，这和她的善良与爱心是不可分割的。奥黛丽·赫本在成名之后经常受到电影邀约，而她原本也可以通过拍摄大量的影片去赚取更多的钱、更显赫的名声，但是她却没有那么做，她将大量的时间和精力放在了救助难民中。或许在她的感觉里，电影圈里少了一个奥黛丽·赫本实在不算什么，自然会有接踵而至的漂亮女孩延续她的辉煌，但是这世界上更多的生活在灾难中的劳苦大众却更需要一个有影响力的明星去帮助他们，为他们奔走呼吁，让全世界的人们都留意进而关注这些弱势群体，而奥黛丽·赫本恰好可以做到，于是她便做了。我们常说，一个人前半生的容貌是天生的，而后半生的容貌却是自身修养得到的。岁月往往会将一副最美丽优雅的容颜赋予一个内心充满爱又不吝于回报社会的女子身上，于是我们就看到了一个优雅到老的奥黛丽·赫本。孩子，如果你也想做一个被别人记住的人，那就像奥黛丽·赫本一样，心怀怜悯，以宽容的眼光看人，多多奉献自己的爱心，这样你会越来越美，也会越来越快乐，那种美和快乐都是发自内心的，而随着时间的推移，你也会成为一个让人看上一眼便会记住的人。相反地，如果一个女孩子没有爱心，那么即便她有再出众的容貌也会被岁月的刻刀无情地划去，看看下面的例子或许你会有更好的理解。

妈妈曾经见过一个叫湘莲的女孩子，她五官精致迷人，是几乎任何人看上一眼就能喜欢上的类型。所以在年轻的时候，这个女孩的辨识度很高，身边围着许多各色各样的小伙子，但是湘莲性格很奔放，加上身为众人心目中的宠儿，她奔放任性的性情越发地被激发出来。她总是可以毫不留情地奚落某个追求她的小伙子，如果有人胆敢得罪她，她就会找来一群男生来攻击对方。所以很多人对湘莲都是敢怒不敢言，虽然湘莲性格任性，但靠着出众的容貌，湘莲找到了一份好工作，也嫁给了一个有钱的好老公，过起了让许多人都羡慕的幸福生活，但是湘莲却一点都感觉不到幸福。因为她的心里体会不到快乐，她总是对别人索求无度却不肯为他人付出丝毫，结果可想而知，大家渐渐地都对她敬而远之。湘莲的日子天天都过得很郁闷。湘莲的婆婆是个很好的女人，她每天辛辛苦苦地操持整个家，还帮助湘莲带孩子，但是湘莲一点都不感激，她觉得这是婆婆本来就应该做的，而且婆婆有什么事情没有做到的，湘莲还会对着她大呼小叫。后来连湘莲的老公都受不了她，和她办理了离婚手续，条件是孩子归父亲抚养。湘莲很干脆地答应了，本来她对那个只知道哭闹的小毛头就没有什么好感，她向老公索取了一笔巨额的离婚补偿金之后便离了婚。离了婚的湘莲依旧不改其蛮横本色，所以她接下来的两次婚姻又遭遇了失败。这时候湘莲已经40多岁了，她早已变成了一个世俗又蛮横的中年妇女，脸上总是戾气横生，再没有人愿意接近她。

孩子,看到了吗?一个女人的模样其实是来源于她内在的性情、气质和修为的。这个世界上有太多的女人,你并不是最出众的一个,所以别人记不住你也的确是情有可原的。但是,孩子,既然你立志要成为一个让人容易记住的人,那就努力丰富自己的知识,增加自己的修为,做一个人见人爱的女孩。如果你做到了,那么你也会成为一个像奥黛丽·赫本那样充满魅力、让人看一眼便再难忘掉的女人。

当然,孩子,能给人留下深刻印象的人同样也是一个有个性的人。努力发掘你的个性,卓尔不群,从每一件有利于他人的小事做起,调整自己,净化灵魂,提升素质,总有一天你会成为一个被别人记起的人。你的辨识度也会随之大大提高。孩子,妈妈说了这么多,就是想要告诉你,你来到这个世界上,就是为了能够拥有一个精彩的人生,给自己也给别人一个最美好的回忆,所以,请你尽全力完成你的任务吧!

第六章 / 梦想起航：你的未来还是交给你自己

愿你做个敢于追梦的现实主义者

孩子，那天你告诉我你的梦想是想做一名医生，因为你想要学到最精湛的医术，把姥姥的病治好。说实话，妈妈听到你的话，特别高兴和骄傲，为你有这份孝心，也为你有一个梦想而开心。孩子，今天妈妈就想和你说说梦想与现实的话题。

在这个世界上，许多人都有梦想，什么是梦想呢？就是自己将来想做什么，怎么做。一个有梦想的人生才是有希望的人生，在追逐梦想的过程中，你会体会到辛苦，但是同时，当你有所收获的时候，你也会感到很快乐。这就是梦想的力量。

对于很多人来说，一个人人生的高度是由梦想来支撑起来的。一个有着远大梦想并敢于努力的人，往往能够扩大自己的视野，获得更极致的成功。相反地，当一个人的梦想仅存于地面的时候,那么他的人生就注定平庸。一个有梦想的女孩,身上永远充满着魅力,看看下面的故事你就明白了。

说起美籍华人靳羽西的名字,你可能觉得有些耳熟,没错,她就是著名化妆品品牌羽西的创始人。靳羽西小的时候,她的父亲问起她的梦想,小小年纪的靳羽西回答说她希望能进入宇宙空间。这时候,她的父亲同她说了一句影响她一生的话:"你要做第一个进入宇宙空间的人,而不是第二个、第三个,因为人们永远不会记住第一个人之外的名字。"受这句话的影响,靳羽西以后无论做什么事情,都是努力争取做第一个,也正是因为有这样的梦想,靳羽西在她的人生中创造了无数个"第一个"。

靳羽西是第一个被称作将东西方联系起来的电视工作者,当年由她担纲制作并主持的电视系列片《世界各地》是中央电视台首次引进的国外电视节目,许多中国观众正是通过这部片子第一次知道了外面的世界。靳羽西的名字也是在那时候开始成为一个经常被大家提起的名字。在成为一名著名的节目主持人之后,靳羽西并没有停止她梦想的脚步,她想做一种专为亚洲女性使用的化妆品,因为在当时，化妆品高端市场一直被欧美品牌垄断，但是欧美化妆品并不是针对亚洲人研制的，靳羽西就是要填补这个空缺，做出专为亚洲人使用的化妆品。这个梦想在当时的许多人看来都是遥不可及的，很多人不能理解，一个功成名就的主持人，本本分分地去主持自己的节目不好吗？为什么要自讨苦吃呢？但是靳羽西并不为外界的评论所影响，她要挑战自己。正是靠着这种精神，靳羽西获得了许多人难以企及的成功，也拥有了许多人穷尽一生都不可能拥有的财富。同时，靳羽西也因其修养、观念以及为人处世的态度荣登世界最有魅力的女性宝座。靳羽西的魅力，源于她对梦想的追求，心中有梦想的女人，永远都会充满活力，这样的女人即便是到了五六十岁，也可以保持青春积极的心态。

孩子，看到了吗，梦想就是有这样的力量，不要觉得你不能。在这个世界上，别人能做到的，你也一样可以做到，只要有吃苦耐劳、勇于奋斗的精神，就一定会有成功的一天。

当然，做梦想家很容易，但是如果只有梦想而不为之努力，那你就变成了一个空想家，你的梦想也就成了白日梦。有了梦想，就要脚踏实地地去做，通过努力缩短现实与梦想的距离，这样梦想才能最终实现。

在英国，有一位小学老师，他曾经给学生们布置了一篇作文，作文的名字叫《我的梦想》。孩子们在作文中写下了自己的梦想，有人梦想成为一名工程师，有人梦想成为水手，有人梦想成为医生，其中有一个腿有残疾的孩子写下了自己的梦想——成为内阁大臣。老师很吃惊，因为在英国的历史上，从来没有一位残疾人能进入内阁，他让男孩子换一个梦想，男孩子拒绝了，他坚持自己的梦想是成为一名内阁大臣。50年以后，这位老师再次翻看学生的作业，心中突然冒出一个想法，这么多年过去了，当年的孩子们究竟有没有实现自己的梦想呢？在一家报社的帮助下，老师终于刊登了一则启事，希望当年的学生们把目前的职业和联系方式给自己，那么自己将会把他们小时候的作文簿寄给他们。很快，雪花一样的信件送到了老师的手中，老师拆开一封封信，学生们有的实现了自己的梦想，有的则做了别的行业，老师也遵从诺言，把他们的作文簿寄还给了他的学生们。最后老师的手中仅剩下一本作文簿，这是那个曾经梦想成为一名内阁大臣的残疾男孩写的。老师想，这个男孩大约已经不在人世了，还是算了吧！令人惊奇的是，几天之后一封来自内阁的信寄到了老师的手中，信中说："我当初的

第六章 / 梦想起航：你的未来还是交给你自己

梦想是成为一名内阁大臣，不过我想我已经不再需要那封信了，因为从我在本子上写下自己的梦想时，我就从来没有停止过为实现这个梦想而奋斗，现如今我的梦想已经实现了……"

从这个故事里，我们没看到这个男孩为了实现自己的愿望付出了多少努力，但是其中的艰辛是可以想象的。当一个人专注于自己的梦想并努力去实现它的时候，从某种程度上说，他已经成功了一半。所以孩子，妈妈很欣慰你是一个有梦想的人，但是妈妈更希望你同时也是一个敢于将梦想实现的现实主义者。

智慧，是你一辈子都要培养的东西

孩子，那天我们一起回老家，见到了你的云云表姐，她比你年长两岁，小时候你们经常在一起玩耍。现如今，云云正在南方一家公司做操作员，一个月收入5000元，你听了很是羡慕，对我说，妈妈，要不我也不上学了，直接去打工，这样不但不再用你和爸爸的钱，还能赚钱给你们用。而且现在许多人就算大学毕业了也还是找不到工作，还不如现在就去学一门技术，才能更好地找工作……我听你这么一说，当时脸就沉下来了，孩子，妈妈供你读书可不是为了希望你把知识当作获得一份好工作的敲门砖，妈妈希望你能在读书的过程中拥有更智慧的人生观和价值观，开阔眼界、完善个性，因为智慧的女人才更幸福，妈妈接下来要和你说的，就是这样一个问题。

孩子，妈妈知道，在当今社会，很多大学毕业生找不到工作，这是一个很现实的问题，于是社会上便开始传播这样一种说法：读了书也找不到工作，还不如不读。于是很多目光短浅的家长便放弃了让孩子去继续读书深造，他们总觉得读那么长时间的书不但不能找到工作，还要浪费大量的金钱、时间和精力，还不如不读。于是每年都会有大量优秀的学生选择辍学去打工。孩子，妈妈不希望你受到这股风潮的影响，因为读书的目的不应该是出于功利的。当今，有一种早已落伍的思想，好像读了大学，拿了学历，便能找到一份好工作。的确，很多技术性较强或者专业水平要求较高的工作需要高学历、高能力的人才能胜任，但是某些工作上需要的技能是学校教不了的，大学生在学校的时候学习的知识实用性可待商榷，所以他们走出校门找工作，这条路往往走得并不轻松。妈妈希望你的大学生活应该从一个正确而积极的态度出发，这样你才能成长为一个有智慧的女孩。首先，你必须明白，读书不是为了找工作，而是充实自己。我们常说"腹有诗书气自华"，爱读书的女人，往往是气质出众的，她们的眼界会更开阔，心胸会更宽广，为人处世也更有智慧。总之，孩子，妈妈希望你做一个有智慧的人，所以在此也希望你能真正地明白读大学的意义，并拥有更加精彩的人生。

孩子，做一个智慧的女人是一件非常重要的事情。因为心中充满了所谓智慧，不是你有多高的学历，也不是你的专业知识有多么丰富，而是在于你的气质、胸怀、看事物的角度以及行为举止。一个有智慧的女人，应该是个性独立而又不失温柔、性格豁达而又不失执着、心思缜密而又不失大度、举止优雅而又不失风情、珍爱自己而又兼爱他人。孩子，妈妈希望你将来也能成为这样的一个女孩。

做好每个选择,相信自己的每个决定

今天吃过晚饭,你说要开个家庭会议,你的议题是关于你将来学文科还是理科的问题。爸爸问你,你自己想学文科还是想学理科,你说想学文科,因为大部分女孩子都选择了文科,而且学文科的女孩子都比较有气质,妈妈听了你的话,哭笑不得,妈妈很高兴你有自己的想法,可是你的想法不够成熟,没有认真地对待这一次至关重要的选择。妈妈当时就问你:"除了这些,你认为你学文科还有哪些优势呢?"你沉默了,看来你并没有深入地去想自己选择文科的优势在哪里,你只是认为女孩子就应该学文科,后来爸爸妈妈经过分析觉得你学理科更好一点,如果学文科的话,你最讨厌地理,也不喜欢背东西,而且爸爸妈妈一致认为你的逻辑思维要好于你的形象思维,所以建议你选学理科。这件事过去之后,我就在想,你的身上所缺少的,正是一种自信和独立的精神,今天妈妈就要和你说说这个问题。

人的一生,就是一个不断选择又不断放弃的过程,聪明的人善于做出正确的选择,在关键的时候做出决定并敢于坚持下去,所以他们的人生往往很精彩。而那些从来不敢也不善于做选择的人往往会让自己的人生走出一些弯路。孩子,在你以后的人生中也会同样遇到各种各样的选择,或许选择会让你很痛苦,但你千万不要惧怕它,也不要被它困扰,因为每一次的选择都是为了更好地成长。面对选择,你要先冷静地进行分析,自己喜好的是什么、擅长的是什么、有没有潜在的能力……从各个方面进行全面冷静的分析,然后才能下决心,谨慎地对待每一次选择。为了让你能更准确、更容易做出选择,妈妈告诉你几个进行选择的小诀窍。

第一,冷静下来,理智地分析自己面临的选择。女孩都是感性的,很容易被自己的主观情感左右,所以在面临选择的时候一定要保持冷静的头脑,客观地分析自己面临的几个选择,权衡利弊,找出对你最有利的那一个。譬如你长大之后想要从几个喜欢你的男孩子中间选出一个作为你的男友,该怎么选择呢!首先,冷静下来,告诉自己,不要被虚荣心冲昏了头，许多女孩子都喜欢找帅哥或者是大款，其实，或许你并不缺钱，缺少的只是虚荣心被满足的感觉，妈妈希望你不要做这样的女孩子。其次，不要被男孩子的甜言蜜语所迷惑，男孩子面对自己喜欢的女孩，甜言蜜语总是来得格外猛烈。这时候一定要听话听音，分析这个男孩子言语的可信度有多高，然后才能得出正确的结论。最后，从侧面去接触这个男孩子。很多时候，男孩子们会把他最好的一面展示给你看而掩藏自己的缺点，这时候你仅仅通过接触本人是不可能发现他是一个怎样的人的，若想真正地了解这个人，就要看他身边的人，或者看他身边的人怎么谈论他，这样或许依然失之偏颇，但是至少可以让你对他有更深一步的了解。

孩子，还记得朱红阿姨吗？就是那个每次来都抱着你亲个不停的阿姨，她上大学的时候，有两个男孩子追求她，一个男孩家庭条件很好，人长得也很帅。还有一个男孩，家庭条件一般，长相也一般。当时家里很多人都支持她选那个家庭条件好的，可是朱红阿姨最终却选择了那个家庭条件一般的，当时很多人都不理解，还有人说她傻。但是朱红阿姨却始终坚持自己的决定，因为那个有钱的帅哥是个花心的人，她不缺钱，也不需要一个帅哥来装潢门面。

第六章 / 梦想起航：你的未来还是交给你自己

她要选择的是能够踏踏实实和她过一辈子的人，所以她最终选择了那个普通的男孩子。喏，就是你经常看到的那个傻笑着来接朱阿姨的那个叔叔。现如今，朱阿姨每次看到朱叔叔就笑得很甜蜜，她的笑容是从内而外散发出来的。

第二，谨慎地选择之后，就要坚定地走下去，不要后悔。孩子，或许你做出一个选择很难，但是更难的是坚持下去。只要你稍微表现一点迟疑或是犹豫不决，踌躇不前，都有可能会让自己曾经的付出和努力毁于一旦。任何一个能够成功的人都是敢于坚持的，看看国际象棋特级大师谢军的例子你就能明白其中的道理了。

谢军是享誉世界的国际象棋特级大师，她曾获得多项世界冠军，很多人都羡慕她辉煌的成就，但是很少有人知道，她之所以能够取得这样的成就，完全是因为母亲给了她自主的机会。1982年，12岁的谢军即将小学毕业，但她却面临着两难境地，是升重点中学还是学棋，她举棋不定。学业上，她非常出色，曾被评为三好学生，学校想保送她进重点中学，但是对谢军来说，象棋上的黑白格局也吸引着她，母亲看出了谢军的为难，把她叫到身边，用商量的语气问："孩子，你很喜欢下棋，是不是？"谢军看着母亲，犹豫了一会儿，最终做出了坚定的回答："是的，我喜欢！而且我想继续学下去。"妈妈听了女儿的话，同意了她的选择，但同时也严肃地说："很好，不过你要记住，下棋这条路是你自己选的，既然你做出了这个重要的选择，那么就不要再犹豫，坚定不移地走下去，负起一个棋手的责任。"从那以后，每当谢军觉得苦了累了想要退缩的时候，便会想起母亲的这番话，她最终还是选择坚定地走下去，靠着这种坚持，谢军终于成为国际象棋界的皇后。

第三，做好承担责任的准备。孩子，人生往往鱼与熊掌不可兼得，见什么要什么，想什么是什么，这是贪婪，也是不成熟。你必须明白，当你想要一些东西的时候，必然是要放弃另一些东西的。就拿我们隔壁那个开办英语学校的叔叔来说吧，他以前在深圳是一家大公司的工程师，按照公司规定，工作满五年就可以马上升项目经理，他和妻子也已经在当地买了房子，就打算在那里定居。眼看他在当地工作就要满五年了，但是在这个关键的时候他却犹豫了，原来这个叔叔一直有一个梦想——创办一所英语学校，自己当老师。如果选择升职，那么他就一直干下去，彻底放弃自己办学校的梦想，如果选择办学校，那么就要

第六章 / 梦想起航：你的未来还是交给你自己

放弃现有的一切重新开始。叔叔和妻子都很犹豫，他们商量了很久，也考虑了很多方面的因素。如果在深圳办学校，有点不切实际，一是因为那里的房子租金太贵，租金不贵的地方生源又不够，而且那里的培训机构很多，又都是大型机构，如果他们在那里开学校的话估计没什么竞争力。于是妻子就建议放弃在深圳的一切，回老家开办学校，因为老家生源较多，家长都很重视教育，也允许小机构的生存。叔叔同意了，于是两个人毅然决然地放弃了在深圳的高薪工作，卖掉了房子，回老家重新开始。他们把卖房子的钱用来当了租金，然后拿出自己多年的积蓄聘用优秀老师，又到处咨询优质英语教材，学校总算是开起来了，刚开始总是入不敷出，可是经过一段时间的摸索之后，渐渐形成了自己独特的教学风格，得到家长的认可。现在学校可以说已经有一些规模了，夫妻俩的收入也相当可观。孩子，妈妈之所以和你说这件事，只是希望你能明白，很多时候，我们做出一个选择是要付出代价的。一个敢于承担自己的人才能有勇气走下去并最终获得成功。

别人说的未必不对,也未必全对

今天你从学校回来,扔下书包就躲到了房间里,一声不响。我很奇怪,平时你总是和楼上的青青一起回来啊,怎么今天竟然没有听见青青的声音呢?于是我随口问了一句:怎么没见你和青青告别呢?你听了耸耸肩,说道:从现在开始,我再也不和那个人一起玩了。我觉得很吃惊,平时你们总是上下学一起走,有一次青青去走亲戚你还非得跟着去呢,怎么这会儿就不一起玩了呢?你解释道:妈妈,她竟然说一杯热奶和一杯冷奶同时放进冰箱里热奶会先结冰,这怎么可能嘛!于是我就和她争辩了起来,然后我们就都生气不理对方了……原来是你们之间发生了争执。孩子,说实话,我很为你骄傲,因为你已经具备了独立思考的能力,不再像以前一样是个人云亦云的小孩子了,你有了自己的主意。但是,孩子,妈妈今天想说的是,别人说的可能不对,但是也有可能是对的。顺便说一句,在我的印象中,好像真的是热奶会先结冰呢!要不,你先查查电脑?

  孩子,这个世界是一个神奇的世界,无论是在大自然还是社会生活中都充满了各种各样的知识奥秘。人的一生,就是一个不断学习知识的过程,从小时候开始,你就是一个探索欲很强的孩子,和其他的孩子相比,你对"真理"的坚持往往更为执着。孩子,还记得那年,你3岁,正上幼儿园,在老师的教导下,你学会了许多礼貌用语。见人会说"你好!",也会很礼貌地喊"叔叔""阿姨",和别人告别的时候,你也会说"再见!"。后来我带你去小姨家里玩,临走的时候,我挥着手同小姨说:"拜拜!"然后转身要走,你很严肃地说:"妈妈,你没有和小姨说再见!"我说:"没关系啊,拜拜和再见是一样的!"可是你坚持说不一样,然后一定要让我和小姨说再见。说实话,孩子,那时候我真是又气又好笑,你的样子,就像个小顽固!现在再来想想,孩子,你还觉得"拜拜"和"再见"有很大的区别吗?是啊,之所以会出现这样的现象,完全是因为在某个时期内我们知识储备不足。

  当然,妈妈这样说并不是想告诉你别人说的就是对的、自己就是错的。而是希望通过这件事能让你明白，别人说的话不合你的心意时，你先别急着否定，因为他说的未必就是错的，如果你觉得他说的不对，大可以回到家查查资料再下结论。而且在这个世界上每个人的价值观和世界观都是不同的，所以很多在我们看来不合理的地方对别人来说就是合理的，所以，别轻易否决别人。

　　说到这里，还要提到另一个问题，那就是权威的问题。我们还说你小时候的例子，为什么你坚持要让妈妈同小姨说出"再见"那两个字呢？原因很简单，那就是"老师说的"，在你的心目中，老师就是一个权威，老师说的话就是不容置疑的，所以你毫不怀疑地相信了。但是孩子，你必须明白，在你以后的成长道路上，你会遇到更多的权威，每个行业都有权威，他们还有一个名字叫专家。所谓权威或专家，大多是一些在某个领域里研究和认知较为透彻的人，他们的见解的确比一般人要深，所以在很多时候，我们都喜欢听专家的意见。但是专家的话是不是就完全正确呢？当然也不是！孩子，以后你渐渐长大，会有更多的机会与那些专家的建议或者见解发生碰触，这时候专家的话不一定就是全对的，你的见解也不一定就是错的，这一点你千万不要质疑。不信，看看下面的实验你就明白了。

第六章 / 梦想起航：你的未来还是交给你自己

有一个心理学家到某个学校去做一个实验，他以一个物理学教授的身份把一个班级的学生全部召集起来，然后告诉他们自己要做一个挥发性气体实验。为了能更准确地测出挥发性气体挥发的速度，他要求每个学生在闻到气味的时候立刻举起手来，同学们都同意了。心理学家见同学们都做好了准备，便拿起一个广口杯，打开了瓶塞。结果最近的一个学生很快举起了手，紧跟着是第二个、第三个……最后全班的同学都举起了手。其实心理学家广口杯里装着的只是普通的蒸馏水，没有任何气味可言，但是同学们却因为他的身份而怀疑了自己的感觉，轻易地相信了这位教授。

在对外界事物进行判断的时候，你一定要有自己的观点，不能人云亦云，也不能完全不信，凡事要有自己的主见，同时能听得进别人的建议，因为一个人的精力终究是很有限的，是不可能把知识全部弄清楚的，所以认知有盲点也是必然的事情。所以，我们可以听别人的意见和见解，但是同时也要有自己独立思考的能力，这样你以后的人生弯路就会减少许多。

只要决定的事,就不能虎头蛇尾

孩子,今天放学的时候,你像快乐的小鸟一样跑回来,进门就抱着我,迫不及待地说:"妈妈,告诉你一个好消息,我被选为校田径队的队员了!"妈妈听了一方面为你开心,另一方面也有点担心,开心的是你期待已久的愿望终于实现了,可担心的是,田径队员训练的时候会很辛苦,每天要早早地爬起来去跑步和参加各种训练,尤其是冬天。以前,一到冬天,妈妈要喊你好几遍,你才能起床,可是现在你已经加入田径队,不管多冷的天你都不能再赖床了,你坚持得了吗?所以当时妈妈就看着你的眼睛问了你一句:"孩子,你决定了吗?"你肯定地说:"是的,妈妈我决定了!"看着你那笃定的神情,我由衷地笑了,孩子,原来在不知不觉间你已经长大,有了自己的主意。不过,为了防止你那做事虎头蛇尾的毛病再次复发,妈妈现在就同你再说说坚持的话题。

孩子,要想办成一件事情,切忌半途而废,否则,就永远都成不了大事。还记得妈妈曾经同你说过的小雅阿姨吗?她一直的梦想就是自己写一本武侠小说,她确实很有才华,班里每次考试,作文都是她写得最好,老师也老夸她说她想象力丰富,说她有当作家的天赋。在大一一开学时,她就开始筹备她的第一部小说了,她首先给我们讲了她要写的东西,我们听了都很感兴趣,觉得这应该是一部很好的小说,于是都为她加油打气。刚开始的一个月,她每天都坚持写上几页,可是后来因为学习不怎么忙,好多同学都开始出去上网、看电视去了,她也开始坐不住了,觉得过段时间再写吧,于是她就把写了一半的书丢在那里放松去了。玩了几个星期后,她想起来还没有写完的小说,就坐下来打算接着写,可是却发现自己当初的灵感消失了,坐在那里一上午都没有写出几个字出来,一连几个星期都是这样。后来实在是写不出来,于是只好放弃了。我们都为她感到惋惜,多好的小说题材就这样被扼杀了。直到现在,小雅阿姨还在为没有坚持写下去而后悔。所以,孩子,通过小雅阿姨的例子你就应该明白,不管你做什么事情,只要半途而废都是毫无结果的,即使你想重新开始,可是当时的状态、情绪、灵感等都不在了，就算是再想继续做下去也不可能达到最好的效果了。所以，不管你以后做什么，无论你做的事多么微不足道，都要记住不要半途而废，既然决定了就要一口气做完。

女儿，以后你长大了，不管是在爱情上还是进入职场，都要保持这样一种坚持到底的态度，在爱情上，选择了一个人，就不要左顾右盼，既然你已经选择了和一个男孩子交往，那么不管身边出现多么优秀的男孩子都不要再动心，一心一意地对待你选的那个人。职场上也是同样的道理，也许你拥有的工作和你的预期有一定差距（当然，妈妈希望你找到你喜欢的，可是人生不是什么都能如愿的），这个时候不要气馁，只要你选择了，就好好做，投入你的热情，你就会有意外的收获。就像一位名人所说的那样："钉子也有它发光发热的地方！"看了下面的例子或许你会理解得更加透彻。

妈妈有一个大学同学，从小就是一个文静的女孩，她很喜欢看书，爱安静，最热闹的时候也就是叫上一两个朋友喝茶聊天。她的梦想是当一名大学老师，但是大学毕业后，偶然的原因，她最终没能做成老师，而是进了朋友的公司做起了销售助理。没有工作经验，又缺乏对工作的兴趣，她在这家公司的日子过得非常痛苦。第一次鼓足勇气拜访客户就被人毫不留情地拒绝了。自小生活在父慈母爱环境里的她一向自视很高，从来没有尝过被人拒绝的滋味，她感到既委屈又挫败。同事纷纷安慰她，可这样的安慰让她感到更痛苦。她想放弃了，可一想起自己做决定时的坚定态度以及这一个多月的学习和投入，就这样放弃实在是不甘心，既然别人可以做到，那么她也一定可以！于是不服输的她再次开始了挑战，两个月后，她迎来了自己的第一个客户，有了好的开始，她对自己的工作也越发有信心了。之后她下功夫对公司的产品和市场进行了全面的了解，虽然不是科班出身，但是通过这段时间的努力，她快速理解了公司的运作流程。另外，她还经常约同事出去吃饭聊天，一是为了收集信息，二是为了能开拓自己的人脉关系，给以后的工作提供便利。经过一段时间的工作之后，她发现自己变了，曾经文静的女孩变得能说会道了，能够和客户拉家常、聊天了，而且以她的亲和力赢来了很多客户的好评。现在的她已经是大客户经理，每当她和妈妈聊到自己的这段经历时常常感叹，是当时的不放弃成就了今天成功的她。

职场不相信眼泪，想要成功，就要下定决心，投入热情，杜绝心不在焉，这样成功才会降临到你身上。

所谓锲而舍之，朽木不折；锲而不舍，金石可镂。这句名言告诉我们做人的关键在于要有恒心，目标专一，持之以恒。一个人如果要想有成就的话，就必须要有恒心，不能半途而废。伏尔泰曾经说过："要在这个世界上获得成功，就必须坚持到底，剑至死都不能离手。"任何人成功之前，都会遇到许多的失意，甚至是多次的失败。如果你放弃了，你就放弃了一个成功的机会，因为成功之前的失败，往往离成功只有一步之遥。自古以来，那些所谓的英雄，并不比普通人更有运气，只是比普通人更有坚持到最后的毅力罢了。

追梦的路上，谁都免不了经历坎坷

孩子，那天你从学校回来，一回家就把自己关在屋子里，妈妈敲了好几次门你都不肯开，后来送你上学你也是不情不愿的,最后气呼呼地走了。后来妈妈终于弄清楚了,原来是你竞选班长失败了,觉得很丢脸,不想去学校了,一直以来在同学中人气极高的你不能接受这次失败,所以很憋屈。孩子,妈妈要跟你说,不要觉得丢脸,人生中的每一次失败都是上帝送给你的礼物,今天妈妈就给你说说这些挫败的事。

孩子,人在这个世界上生存,没有人能够一帆风顺,遭遇挫折是难免的事情,越是成功的人,所遭遇的挫折就越多。但是和那些平庸的人相比,他们在经历挫折之后往往能够站起来,并痛定思痛,反思总结,最终取得成功,这样的例子实在是数不胜数。

那个当播音员的表姐丽丽你应该不陌生吧,以前你常说,丽丽是你的偶像,你将来也要成为一位像她一样有出息的人,但是孩子,你只是看到了她的成功,却不知道在光鲜的外表下她曾遭遇过多次的挫折。丽丽是个很有主见的女孩子,在上初中的时候(那时你还没有出生)就梦想着要当播音员,用自己的声音博得大家的喜爱,所以她一直想进学校的广播台,但是广播台是需要竞争上岗的,丽丽鼓足了勇气才跑去报名。当时报名的人很多,学校采取了三轮淘汰的方式进行，丽丽第一轮就被刷下来了，当时，她跑到咱家，找妈妈哭诉。当时妈妈问她："还要继续吗？"她哽咽着说："虽然别人讲得比我有感情，发音比我标准，但是我还是觉得，我可以通过继续练习超越自己，然后明年再去争取播音员的位置。"妈妈听完就笑了："那你为什么哭啊！"丽丽抽噎着说："我哭是因为我难过，是因为我应该更早地发现自己的问题在哪里……"第二年，丽丽又参加了竞选，可还是失败了，只是这次是第二轮被淘汰下来的，丽丽不但没有伤心，相反地，她很开心，说自己的努力被肯定了，于是会更加坚定地练下去。高中的时候，丽丽终于加入了校广播台，一干就是三年，高中三年后，她考进大学选了播音主持专业，一直到现在，成为一个出色的播音员。所以你看，表姐在面对挫折的时候，不但没有被挫败，反而激起了她的斗志，所以最终获得了成功。

　　通过丽丽的经历你就应该知道，每一次失败都是上帝送给我们最好的礼物，它激励我们向成功又迈进了一步。

　　其实，你更应该明白，遭遇到挫败的人生，要比一帆风顺的人生更让人有激情，大多数一帆风顺的人都是碌碌

无为的人,没有经历过挫败,就不知道珍惜成功的来之不易,就不会珍惜所拥有的。只有经历过失败的人才知道,为了实现自己的理想而拼搏挑战实在是一件很幸福的事。人生只有像音符一样有起有落才能奏出动听的音乐。在这个世界上没有人是天生的勇士,也没有人是天生的强者,每一个成功的人,都有属于他自己异于常人的经历。

现在的你还很年轻,遭遇的挫败也是微不足道的,等你长大了,谈恋爱或工作的时候,你那时可能会面临更大的挫折。进入职场,也许会发生同事不和,也许上司对你不满,也许是你付出了但是却没得到回报,但是无论如何都要告诉自己这一切都是暂时的,是上帝给你送来的礼物,是为了让你更完美、更优秀,把你往成功的路上推。当你跨越了它你就向前迈进了一大步。相反,在挫折面前逃避、畏缩不前都会使你的信心备受打击。因为挫折是两面的,它除了可以增强一个人的意志力之外,还有可能会将一个人的意志力消磨掉。所以面对挫折,你不能自乱阵脚,首先需要稳定一下自己的情绪,从客观、主观、目标、环境、条件等各方面找出受挫的原因是什么。只有找到了问题的真正原因,你才能采取积极有效的补救措施。

孩子,在面对挫折的时候,不要一个人默默地承受,尤其是女孩子，如果把挫败感长期埋在心里的话，对自信心的培养是一个巨大的挑战，所以要学会找到你最信任的朋友或家人倾诉，告诉他自己遭受挫折后心中的不快，以及今后的打算。这样才能改变自己内心的压抑状态。如果自己处事乐观，可以自我宽慰，挫折感就不会耿耿于怀了。挫折会让人产生非常大的心理压力，但压力本身并无好坏之分。如果你可以化压力为动力，挫折也许是你取得更大进步的一个机会。所以，面对挫折，妈妈也希望你以一颗平常心去看待。就像我们说的，人要有平常心，要有健康的心态。但健康的心态并不是与生俱来的，都是要经过后天的磨炼、历经风雨雕琢才能逐渐形成的。常言道，失败是成功之母，成功是建立在无数次的失败挫折和碰壁的基础之上的。所以，孩子，当你在遇到挫折之后，不要灰心，也不要气馁，大胆地走下去、坚持下去！妈妈相信你会有所收获的。

第七章

绝世独立：
让自己成为一道特别的风景

　　孩子，妈妈相信，每个女孩当初都是天上自由快乐的天使，因为背负了特殊的使命才会降临人间。因此，任何时候，你都千万不要把自己看轻，不要为了迎合别人而改变自己，你应该坚信自己的明天必然会迸发出与众不同的绚丽。我相信，在不久的将来，你会成为世人面前的一道瑰丽美景，向整个世界证明你来到这个世界的价值。

你应该为自己是个女孩而感到骄傲

　　孩子,你曾经说过你不喜欢做女孩,其中的一个原因就是做女孩太麻烦了,要受各种各样的束缚,不能大笑,不能大闹,不能谈太多次恋爱,真的好烦啊!但是孩子,妈妈今天想和你说的,就是千万不要因为自己是一个女孩而苦恼,在这个世界上,女孩才是最亮丽的风景,一个没有女孩的世界是很可怕的。

　　孩子,说实话,你刚出生的时候,妈妈的心里还是挺忐忑的,虽然从内心来说,妈妈是希望有一个女儿,因为女儿是妈妈的贴心小棉袄嘛。只要想想以后有一个可以随时随地交心的小人儿,妈妈就幸福得要笑了,但是转念想到未来你要承受的压力,妈妈又笑不出来了,因为就像你所说的,做女人真的是一件不容易的事呢!

第七章 / 绝世独立：让自己成为一道特别的风景

可是现如今随着你渐渐长大，妈妈的认识却又发生了改变，有时候看着你的笑脸，妈妈甚至庆幸你是一个女孩。你就像是一道不停在变化却一直很美丽的风景，时时给我惊喜，让我心动，那种美丽，是男孩子无论如何都给不了的。

童年的时候，你娇憨可人，经常穿着一身可爱的娃娃衫依偎在妈妈的怀里，让妈妈讲故事，还会亲吻妈妈的脸，说"永远陪着妈妈，一辈子也不离开"的傻话。那时候送你去幼儿园，你总是阴着小脸依依不舍地同我告别，但是当我去接你的时候，你又欢呼雀跃，搂着妈妈的脖子说好想妈妈。你知道吗？那时候的你，就像是一处开满了鲜花的百花园，到处都给人美妙的感觉。

你清纯可爱，极少化妆，但是脸上那甜美的微笑就是最好的化妆品，这时候的你，不再缠着妈妈给你讲故事，你喜欢阅读，喜欢画画，喜欢一切美丽的东西，孩子，有时候看见你坐在窗前静静看书，妈妈的心里就会涌起一种前所未有的满足感！这时候的你看上去多么像一处风景别致的小公园啊，有亭台楼阁的韵味，也不失花花草草的天然，赏心悦目，自在随心，美得几乎无法用语言来形容。

现在的你，还没有成为一名青年，但是妈妈依然可以想象出你将来的样子，成熟优雅，大方得体。那时候的你，可能会很忙，但是依然会抽出时间来挽着妈妈的手一起逛街，我们一起聊着工作和生活的各种话题，那时候的你，就好像是一片美丽平静却不失波澜的水，温柔中有自己独特的坚持。

女孩子的一生，其实就是一个不断追求美的过程，一个女孩，无论漂亮与否，她来到这个世界上，就是一道美丽的风景，正是因为有这些女孩的加入，这个世界上美丽的事物才越来越多、充满色彩。或者可以说，在女孩没有降临之前，这个世界就像是长满了荒草的蛮荒之地，男人们穿着单调且款式稀少的衣服做着无聊的工作。而女孩的降临就好像给这个世界注入了活力，荒草中开出了鲜花，充满了各式各样的色彩，女孩用自己的巧手把世界编织得更加秩序井然。

孩子，或许你会觉得做女孩很麻烦，女孩子每个月都会有生理期，将来还要承受生育之痛，这的确是挺麻烦的事。但是不必承受这些麻烦的男孩子们就真的可以洒脱了吗？我看未必。男孩子在结婚生子后会承担更大的压力，

第七章 / 绝世独立：让自己成为一道特别的风景

因为男孩子是家庭的支柱，他要承担更多的责任，所以男孩子成年之后不得不背负着沉重的压力在社会上拼搏。

孩子，说到这里，你就应该明白，女孩是美的化身，是这个世界上最美的风景，身为女孩，是一件多么值得庆幸的事情啊。

你的任务是为这个世界加入感性色彩

孩子，你曾很苦恼地对我说：妈妈，我不想做女孩了，做女孩不好。我听了很诧异，不知道你为何会生出这样的感觉。于是你又说，看看那些男孩子，多坚强啊，轻易都不掉眼泪，也不会因为一点小事伤心，他们胸怀多宽广啊！再看看女孩子吧，太过感性了，一点点小情绪就会大哭大笑……孩子，我不得不承认，现在的你，再也不是当初那个唯唯诺诺的小女孩了，你长大了，有了独立思考的能力。但是，因为阅历的有限，可能你对某些问题的看法难免会有些偏颇，对于感性的见解便是如此。

在这个世界上，有两种人，一种是男人，另一种是女人，他们相辅相成，相互补充，这个世界才有了美。一般来说，男人是理智的，他们用理性来做出决策，去改变世界；女人是感性的，她们用感性为这个世界增添美和色彩，世界也因为感性而美丽。男人与女人，本身就应该是不同的，孩子，你能想象一个世界上没有感动、没有欢欣、没有激动、没有泪水、没有愉悦吗？如果没有这些，那么这个世界该是多么可怕：人与人之间总是平铺直叙的对白，做事情都是有板有眼按照规矩来，人们都没有感情，也没有值得欢欣的事情，人类每天的生活就是按部就班地工作、吃饭、做家务、睡觉、上厕所，电视剧里、电影里男女主角的爱情故事不再充满着波折，他们和现实中的人们一样，用理智去判断得失，趋利避害……肯定无趣得让人想睡觉吧！说实话，现在妈妈想一想都忍不住要打个冷战，所以，妈妈还是希望你能保持一份属于女孩子的感性，因为当一个女孩子太过理性的时候，那一定是一件可怕得让人无法忍受的事情。不信，看看下面的故事你就明白了。

第七章 / 绝世独立：让自己成为一道特别的风景

易飞是个很漂亮的女孩子，在她很小的时候她的妈妈就去世了，一直由爸爸带大。在爸爸的管教下成长，渐渐地易飞成了一个很理性的人。小时候别的女孩子都喜欢听白雪公主之类的故事，但是易飞从来都不听，因为在她的意识里，那些都是编造的。易飞读书的时候，学校经常组织学雷锋，但是易飞从来都不参加，因为在她看来，那太浪费时间了，有谁需要一个小孩子的帮助呢？孤儿院里的老人需要的是更好的照顾，而不是一帮小孩子过去帮他们去表演什么所谓的节目。后来易飞长大了，她脚踏实地地选择了做一名工程师，在她看来，工程师最实在，靠手艺吃饭，什么时候都不用担心失业，不像那些女孩子一样，总是每天做着不着边际的美梦。后来有男孩子追求易飞，送给易飞小礼物，易飞当时就拒绝了。她不喜欢这些没用的东西，她要的是一份安全感和一个可以陪她过下半辈子的人。后来易飞终于找到了对象，他和她一样，是个脚踏实地的人，每天他们一起上班、下班、吃饭、睡觉，日子过得很单一、平淡。后来易飞渐渐老了，她退休了，每天过着很有规律的退休生活，不缺吃也不缺喝，但是每天陪伴她的，除了她那不声不响的老伴儿之外，还有一个老朋友，它的名字叫作孤单。后来，当别人有滋有味地回忆起童年时的欢歌笑语、少年时的青春萌动、青年时的为爱痴狂、中年时的酣畅淋漓以及老年时的天伦之乐时，易飞的心里总是空落落的，因为在她理性的人生里，好像自始至终都一样，她的人生一直在固定的轨道上行走，从未有过偏离，所以她的人生也就成了一幅没有色彩的画。

孩子，看到了吗？如果这个世界上的女孩子都不再感性，该是一件多么可怕的事情。作为一个女孩子，你的出生，就意味着这个世界上又增添了一种美丽的色彩，或许你从来没有意识到，无论你是痛苦还是欢笑，无论你是犹豫还是后悔，你的人生都因为感性而美丽丰富。一个女孩子，从出生开始，就是感性的代表。你的出生与成长，是在不断为这个世界增加美和色彩。一个感性的女人，往往很容易动感情，而这些感情，会让你的生活更有活力。当你看到乞讨者流露出怜悯进而献出爱心的时候，当你看到同学倾尽全力帮助你而感动的时候，当你幸福地吃着妈妈做的最美味的饭菜的时候……孩子，你的心中一定是快乐的,你那感性的心会让你更容易体会到一种特别的幸福!所以,孩子,为你拥有这样一份感性而快乐吧!

走自己的路,你的人生才更精彩

孩子,暑假的时候你告诉我,你要去做一名志愿者,帮助那些山区留守儿童补习功课,说实话,我真的很高兴,为你有一颗充满善良的公益之心。第一天,你兴高采烈地出去,回来的时候却是垂头丧气的,我问你怎么了,你说自己再也不想去了,因为你们出去召集孩子们补课的时候,却遭到了一些人的恶意中伤,他们不相信你会那么好心,一分钱不收就帮助他们补课。还有几个家长拒绝让孩子去参加你们的补习班,宁肯让他们逗留在家中看电视。孩子,当你说这些话的时候,眼眶都红了。妈妈心里也很不是滋味,但是妈妈还是想说,孩子,做你想做的事吧,不要管别人怎么说。

孩子，还记得你小时候妈妈给你买的那件新雨衣吗？上面有一只可爱的小猫，帽檐上还点缀着一些小花，非常漂亮，你看第一眼就喜欢上了，虽然那时候还没有下雨，但你还是喜滋滋地穿在身上，高高兴兴地转了好几个圈。自从拥有了那件雨衣，你就天天盼着下雨，因为在下雨天你就可以穿着那件衣服出门了。等了几天后终于下雨了，你早早地起来，欢欢喜喜地把那件衣服穿上身，然后同我道了再见。但是，孩子，到了中午回来，你就死活不愿意再穿那件雨衣了，执意要打着伞去上学。我问你为什么，你咬着嘴唇不说话，过了一会儿，你说："妈妈，同学们都是打雨伞，只有我是穿雨衣。别人老是看我，对着我指指点点，所以我不想再穿了。"说实话，孩子，当时我真想好好地批评你一顿，不过看你那个样子，我还是好言安慰了一番，告诉你，别人看你是因为你的雨衣漂亮又别致，别的小朋友都没有，他们羡慕你才看你的啊！最后你终于勉为其难地穿上走了。但是后来那件雨衣就没了踪影，我不知道是真的丢了，还是被你藏了起来。妈妈今天之所以翻出这笔旧账，就是想告诉你，和小时候相比，你几乎没有

进步。有句名言是:"走自己的路,让别人去说吧!"一个总是在乎别人怎么看的人注定要永远生活在别人的目光里,畏畏缩缩,瞻前顾后,这样的人生,还有什么乐趣可言?孩子,你曾告诉妈妈自己以后想要做女强人,赚很多的钱,风风光光,让爸爸妈妈都跟着你享福。其实,爸爸妈妈在意的并不是你能有多出息,我们唯一希望看到的就是你能够把自己的生活过得精彩,不被外界的言语和目光所影响。这是世界上许多拥有精彩人生的女人所拥有的共同特征。还记得妈妈给你讲过的吴士宏的故事吗?

吴士宏是中国内地第一个成为跨国信息产业公司的中国区总经理,也是华人圈著名的"打工皇后",名声、地位、财富……所有大家渴望拥有的东西她都有了,除了这些,她还有一个精彩而幸福的人生。其实,生活光鲜的吴士宏小时候和别的普通家庭的孩子并没有什么不同,她的家庭条件并不好,读书读到初中就辍学了,但是吴士宏有一点是跟别人不同的,那就是她一直都知道自己想要的是什么,无论别人怎么看,都阻止不了她追求自己的梦想。吴士宏读书的时候,因为她知道自己外貌不出色,想要拥有精彩的人生，只能靠着出色的成绩。所以吴士宏学习上总是尽心尽力，她是班级里成绩最好的女孩。但是，因为环境的因素，吴士宏在初中的时候被迫辍学了，她成了一名收入菲薄的小护士。一年后，吴士宏厌倦了护士工作，她觉得自己的人生不应该这样浑浑噩噩地过下去，于是从那时候开始，她开始学习英语，在下班之后，通过收音机刻苦练习英语。当时很多人都不理解，工作好好的，干吗还要那么累呢？安安稳稳地工作不是挺好的吗？但是吴士宏完全不受影响，她知道自己想要什么样的人生，所以不管别人怎么看她，她都依然苦学英语。一年之后，吴士宏参加成人高考，获得了英语大专学历。此后不久，她鼓足勇气进了IBM公司的北京办事处，因为出色的英语能力，她被通知一个星期后进行复试，复试的内容是打字。吴士宏从来没有打过字，但是她还是很快向亲友借了钱，买了一台打字机，不停地练，到了面试的时候，竟然完全达到了打字员的水平，就这样，吴士宏走进了IBM。但是刚刚进入IBM的时候，吴士宏只是一个极不起眼的小职员，当时IBM人才济济，根本没人把这个初中毕业的小职员放在眼里，她每天的工作就是一些杂活，这不是吴士宏想要的生活。于是她很快又向一个熟悉的高层申请"助理工程师"的职位，神奇的是，她竟然考过了。然后随着业绩的提升，她渐渐地被重视起来，成了公司内的销售状元。就这样，吴士宏靠着自己的坚持一步一步地走到了微软（中国）公司总经理的位置。

吴士宏的成功，在很大程度上取决于她的乐观自信与坚持、不为外界看法所影响的态度。孩子，如果你也想做这样的人，那么就从现在开始，做自己想做的事情，不要为别人的目光所左右，走自己的路，你的人生才能更加精彩。

即便面临非议，也要奏出动听的旋律

孩子，昨天你回家时无精打采，像个被霜打过的茄子。妈妈问你怎么了，你沮丧地说："我并没有跟老师打同学的小报告,但他们都说我是老师的狗腿子……"说着,你的眼泪扑簌簌掉了下来。孩子,看到你这样,妈妈万分心疼,生活在这个世界上难免会遭到别人的议论,在你以后的工作和学习中肯定还会受到很多次别人的不中肯、不正确的评价,如果对别人的每一句话都这么在意,那你以后会多么痛苦啊,妈妈今天就告诉你如何正确地对待别人的议论。

不管是在繁华的都市还是安静的乡村,人都是以群体形式存在的,不可能独自一人生活。小时候有父母、亲属、朋友,长大后又有了同事或恋人,我们与这么多人相处,必然会给他人留下一个印象,当然你希望这个印象是正面的,但是一个人总能得到别人正面的评价是绝对不可能的。举例来说,在与朋友交往中,当朋友提出非分要求时,你不会也不应当为了讨好他而满足他的要求。将来在与生意伙伴的来往中也是一样,遇到损害到自己利益的事,你还会为了给生意伙伴留下好印象而一再退让吗?答案是否定的。既然你不可能满足所有人的要求,那么必然会引起别人的不满,在背后被人说两句坏话就在所难免,又何必在意呢?

孩子,你还没有真正踏入这个社会,看到的世界还是

第七章 / 绝世独立：让自己成为一道特别的风景

很单纯的，可能受到一点议论或者听到一点别人说自己的坏话就觉得受不了了。其实当你步入成人的世界，会发现这点小委屈根本不算什么，这个世界上没有一个人不是活在别人的非议中，你越在意别人的评价，就越容易陷入失落的情绪中，得不偿失。当面对别人的嘲弄和非议时，你要淡然一笑，置身事外。面对诋毁人格的非议时，你要保持清醒，用事实说话。总之，面对非议最不能有的就是气愤和冲动，这样就正好中了造谣者的陷阱。孩子，让妈妈给你讲一个故事吧，相信对你会有帮助。

巨人集团老板史玉柱可以用三个传奇来概括。他从一个小公务员变身成为福布斯富豪榜上的第八名，这是一个关于成功的传奇故事；他从一个是福布斯富豪榜上的第八名沦为负债两亿元的中国"首负"，这是一个关于落魄的传奇故事；他从一个负债两亿元的中国"首负"到身家五百亿的大富豪，这又是一个关于咸鱼翻身的传奇故事。

1962年，史玉柱出生在安徽怀远县一个普通的工人家庭，小时候的史玉柱十分喜欢数学，他那时候最大的愿望就是能成为一个像陈景润一样的大数学家。正是带着这样的想法，史玉柱考进了浙江大学数学系。但是在真正接触到数学的世界之后，史玉柱发现了这样一个事实，那就是真正的数学是很难的，而他在数学上的天赋并不高，所以后来他选择了转方向，从学习纯数学转向计算机数学，这次转方向为他以后从事IT行业打下了基础。

1984年，史玉柱大学毕业后成了安徽省统计局的一名公务员，在当时，计算机技术在中国还只是处于起步阶段，统计计算还是靠人工的，根本没有什么可以进行统计分析的软件。对计算机编程比较熟悉的史玉柱很快设计出了一种统计软件，用短短两天的时间干完了需要20个人干一年才能干完的活。闲下来的史玉柱根据自己统计出来的数据写了一篇关于农村经济的文章。文章出刊后，被安徽省副省长看到了，他觉得史玉柱是个人才，于是推荐他去深圳大学继续读研究生。

在深圳，史玉柱的思想受到了很大冲击，他觉得将来整个中国都会像深圳一样，市场经济的风潮必然会蔓延至全国，此时正是创业的最佳时机。史玉柱想到就立马去做，他辞去稳定的工作，带着4000元和一套刚刚研究出来的汉卡去了深圳。那时候内地的环境还很封闭，根本不知道外面的社会已经发生了翻天覆地的变化，所以史玉柱离职的时候，很多人都说他是"吃饱了撑的"，还有人扬言他会吃足苦头。但是史玉柱并没有被那些非议所吓倒，他来到深圳，把所有的钱都投入汉卡的研制和生产中，没有钱的时候就吃方便面，在短短5个月的时间里，史玉柱研究出了巨人汉卡M-6402，这段时间他是靠着20箱方便面度过的。凭着敢想敢做的劲头，史玉柱打开了一片天，到1992年，史玉柱的巨人汉卡位居全国汉卡销量第一位，也正是靠着销售汉卡，史玉柱的个人资产累计达到了1.6亿元。这时候的史玉柱开始全面发展他的事业，脑黄金就是在他事业做起来之后的一个产品。做IT的人跑去做保健品，这在很多人看来都是一个不靠谱的想法，但是史玉柱还是去做了，只要他认准的事就会去做。脑黄金推出之后，的确为史玉柱带来了巨大的效益。史玉柱的巨人事业版图越来越大。但是天有不测风云，巨人遭遇资金链断裂，史玉柱也从云端跌到谷底，从富翁变成了"负翁"，史玉柱遭受到了人生中最重的一次打击。

　　但是史玉柱并没有被这次巨大的打击打倒，痛定思痛，他决定站起来，这时候他身边的团队没有人离开，所有人依然看好他。经过深思熟虑之后,史玉柱决定从风险小、收益高的保健品下手,力图东山再起。他为自己的新产品取名脑白金,并大肆炒作脑白金的概念,终于引起消费者的购买狂潮,脑白金成功了,史玉柱成功翻身。靠着脑白金挣的钱,史玉柱重新杀入 IT 行业,开始开发各种游戏,这让他又一次尝到了一本万利的滋味。如今的史玉柱早已重新回到了亿万富豪之列,实现了他人生的第二个巅峰。

　　孩子,看完这个故事,相信你已经明白了如何看待别人的非议。其实没有人可以逃过别人的非议,不管是赞扬、批评还是蔑视,因为一个人不可能满足所有人的要求,你不可能让所有人都喜欢你。面对非议,我们一定要保持清醒的头脑,不为别人空穴来风的污蔑而气愤,不为恶意的嘲笑而情绪低落,更不能失去自信;面对非议,我们要采取置之一笑的态度,让事实说话,因为时间才是检验一切的良方,随着时间的流逝,一切自然会水落石出。其实,仔细想想,非议并不可怕,处理的态度得当,它也能奏出动听的旋律。

　　生活在世界上,不管你怎样优秀,都会遭到别人的议

论,如果这么在意别人说的话,那么在以后的生活中你就很难生活得开心快乐,既然别人对你有错误的看法,那么就让事实来解释这一切吧。做人,一定要坚持自己的梦想,不能因为别人的看法而改变自己的想法,这样才有可能成功。

不盲目从众,你将来才能出众

孩子,今天你从学校回来,生气地告诉我以后再也不和你的好朋友文文一块儿玩了,妈妈问你为什么,你说小伙伴们都说文文是小偷,手脚不干净,别人都不和她玩了,要是和她一起玩,别的小朋友也会排斥你,而且你还觉得文文手里拿的那套彩笔就是你上次丢的那套!所以你觉得文文是坏孩子,拒绝和她一起玩。孩子,说实话,我听你这么一说,我真觉得有点生气,你就凭外人的看法抹黑一个人的名声,未免太过武断。妈妈今天要和你说的,就是女孩子要排除干扰,别做什么都随大流。

孩子,你必须明白,在这个世界上,几乎人人都有从众心理,当一个人做了某个选择,有人也会跟着做,当随大流的人越来越多的时候,那么就成了一种小型的潮流,他们不会去对整件事进行剖析,因为大多数人都觉得"跟着大多数人准没错"!

点点是个很聪明的女孩子,但是她有一点特别不好,那就是总是喜欢人云亦云,别人说什么她都相信,加上本身就是个大嘴巴,所以点点得罪了不少人。有一次,点点听到自己的两个同学说悄悄话,她的好奇心就被勾起来了,她也竖起耳朵,好像隐约听到同学们在说"小佳喜欢小艺",于是便如获至宝一样把这件事传播了出去,结果大家都知道了"小佳喜欢小艺",最后竟然还传到了老师的耳朵里。可是在经过一番调查之后,老师发现这件事纯粹是瞎说没有根据的,小佳和小艺关系很一般,所以根本不存在谁喜欢谁的问题。后来老师还用这件事做例子告诫大家不要跟风传话,因为言语实在是可以"众口铄金,积毁销骨"的。点点听了老师的话,真恨不得把头垂到脚尖上。

第七章 / 绝世独立：让自己成为一道特别的风景

孩子，看到这里你就明白，众人口中所说的话、大多数人都在做的事儿未必都是靠谱的，所以千万不要轻易"随大流"，当然妈妈这么说，并不是让你以后就永远和大多数人对着干。以后你渐渐长大，参加了工作，有了自己的爱人和朋友圈子，一定要注意"适当从众"。适当从众是为了顾全大局，也是为了保护自己。我们所说的是适当从众，不是去盲目从众，后者是一种不恰当的处事方式。无论你处在人生的哪个阶段，"适当从众"都是一个不错的选择，不脱离团队，同时又对事物有独到的见解，这样才能最终"出众"。

孩子，妈妈希望你能明白，懂得在适当的时候选择从众，既是顺从众意，也是保护自己。但是，如果做什么都是随大流，那你注定只能永远泯然众人矣。你必须明白，无论做什么事情都要做到"选择正确的路而不是人多的路"。

保持自我,过度模仿等于失去自己

那些天,电视上播放一个颇为热门的台湾电视剧,你很喜欢里面的一个女主角,言行举止都模仿那个女主角,无论和什么人说话,都是一口的台湾腔,听得我浑身起鸡皮疙瘩,但是你依然乐此不疲。后来电视上一部香港剧又开始热播,你又开始学着说粤语,听得我云里雾里,不知所以,当我问你为什么说话没了台湾腔时,你却说:"妈咪,台湾剧早就过时了,如果我还说台湾腔,那大家就该笑话我土了!"孩子,在这个阶段你比较喜欢模仿,但是妈妈还是想告诉你一句,作为一个女孩子,一定要有自己的特质,过度模仿会失去自我。

孩子,今天妈妈要和你说的是一个关于模仿的问题。是的,模仿不能算是一件坏事,我们小时候学习说话,

就是从模仿开始的；学习写字，也是先从模仿书上的字迹开始；就连穿衣服、唱歌，也都是看周围的人怎么做我们再怎么做……所以，我们的生活中模仿是不可或缺的，甚至可以说，我们是在模仿中不断进步的。但是，孩子，无论什么事情都要注意一个适度的原则，过犹不及，当一个人从适度的模仿走到一个极端的时候，他也就没有了自我。

孩子，你知道张学友是谁吗？没错，他就是那个经常出现并被很多人模仿的歌手，张学友不仅会唱歌，还会演戏，无论是长相、个性还是声音，都很有辨识度，所以无论他是以声音还是以外貌出现，大家都可以一下子辨认出来，所以在这么多年里，他是许多人心目中的帅气男主角。其实，这个世界上帅的人又何止张学友一个呢？演员歌手多如过江之鲫，比他帅的、比他唱歌好听的，多得不胜枚举，但是大多数人最终都没能红起来，是什么原因呢？其实仔细研究起来，真的很简单——他们没有自己的特质。没有个性、没有特点、没有辨识度，一个人还能靠什么来让观众产生眼缘？又靠什么让大家记住他们？所以他们最终只能落得一个泯然众人矣的下场。

再看看现今流行的模仿秀，无数个人争相模仿某位明星，也真有与某明星形神颇为相似者，甚至可以达到几乎以假乱真的地步。但是这些人最终也都没能红起来，为什么呢？因为他们是模仿者，这个世界不需要另一张同样的面孔。

所以孩子，当你受到外界的影响而想要模仿某个人或者某种风格的时候，就要想一想这种风格是不是真的适合自己，这种模仿会不会在不久之后就会过时？如果你不想仅仅做个不入流的模仿者，那就从现在开始放弃模仿，做回你自己。也许听了妈妈的话，你会很不以为然，向素质高的人模仿也是为了一种进步和潮流啊！你有这样的观念没有错，但是却很容易陷入另一个极端——过度模仿，你不只会失去自己，甚至会让自己陷入一个不可逆转的痛苦中而不能脱身。前些年，电视上曾经报道过这样的一则新闻。

有一个年轻漂亮的女孩子始终觉得自己不够漂亮，她希望有一个更完美的脸蛋，什么样的面孔才是最完美的呢？那就是她的偶像张柏芝，为了像张柏芝一样漂亮，她

第七章 / 绝世独立：让自己成为一道特别的风景

决定去韩国整容，但是整容可不是一件容易的事情，她耗费了大量钱财和数月的时间，做了几次手术，看上去的确已经和张柏芝颇为相似了，这个结果让她很是兴奋。但是过了一段时间，她又开始觉得另一个女明星的脸看上去更有气质，便再次动身去做手术，这一次她又成功了，但是很不幸的，连续多次整形给她带来了后遗症，她不能像从前一样放肆地大笑了，鼻子也不能随便揉捏，而且为了保持美貌，每隔一段时间她都要进行一次微整形。没错，现在见到她的人都会夸她漂亮，但是也仅限于此而已，她很美，但是美得没有灵魂，无论是外貌还是行为，她都限于模仿，没有自己的个性，所以也没有人会对她产生深刻的印象。女孩花费了大量的时间和金钱去整形，结果却落得这样的田地，这让她很难接受，但是世上没有卖后悔药的，女孩最终不得不承受着因模仿而带来的痛苦。

看到了吗，孩子？当一个人失去了自己的特质，也就等于失去了自己。说实话，妈妈曾经见过许多的美女，尤其是在电视上，这些美女也演过许多的电视剧，但是她们却一直没有红起来，反观那些长相颇为普通的女孩子却因为极具个人特质而一炮而红。所以，孩子，别再做个人云亦云的跟风者，努力保持或培养自己的特质，你会有更多的收益。

记住，靠吃青春饭是行不通的！

那天你用羡慕的语气告诉我，班里的小樱自从和一个做生意的叔叔交上朋友之后就变得阔绰多了，身上穿的、脖子上戴的、脚下踩的通通都是最新流行的衣服首饰，同学们可羡慕她了！而且，据小樱说，这位叔叔待她就像亲生女儿一样宠爱，对她什么要求都没有……我静静地听你说，自然也没有忽略你语气中的那一点点羡慕。或许我再进一步去想，如果有这样一个和小樱一样的机会，你会不会去"把握"住呢？我相信你会！这是让我最担忧的。孩子，你已渐渐长大，以后会面临许多类似的所谓"机会"，

第七章 / 绝世独立：让自己成为一道特别的风景

但是，这些看上去好像不错的机会往往会让你失去更多，这些失去可能是远远多于你所得到的。今天妈妈要和你说的，就是这样一个关于"用青春赌一个明天"的问题。

孩子，你是否也发现身边年轻、未婚、工资不高却过着奢侈生活的女孩子越来越多，她们已经成为这个社会的一个特定群体，我们通常称为"小三"。其实反过来想想，她们也只是很普通的女孩子，只是在人生的道路上迷失了方向。她们不再愿意靠自己的劳动获得踏实的收入，而选择了找捷径。是的，在现在物欲横流的社会，很多女孩子都希望走捷径。想要获得成功或者减少走弯路的机会没有问题，人都有趋利避害的本能，但是一定要把握一个"度"，越过了某个"度"，就可能让自己陷入不可自拔的境地。

叶叶来到城里有好几年了，依然住在厂里的宿舍里，她有一个男朋友，是厂里的同事，同样，男朋友也住在厂里的宿舍，没办法，谁让两个人的工资都那么低呢，如果真的要出去租房，那么除去往家里寄的钱，两个人真的连点零食都买不起了。叶叶觉得这种日子过得真没劲。

有一天，一个厂打工的小红忽然对叶叶说自己要辞职了，叶叶觉得很惊讶，小红没有文凭，除了在这家服装厂打打工还能到哪里去呢，难道是要回老家嫁人了？想到这里，叶叶连忙向小红贺喜，小红疑惑地听完叶叶的理由，扑哧笑了，对叶叶说："嫁人还早，不过我交了一个男朋友，做生意的，说想跟我好，会养我的，不让我上班了……"叶叶觉得好羡慕，想想自己的男朋友，顿时觉得自己太失败了，于是便打定主意以后也要找个有钱人。

于是叶叶开始留意自己的打扮，也开始从攒下的钱里买一两件新衣服。她本来就是个漂亮的女孩子，这么一打扮，更加引人注意了。终于有一天，厂里的领导开会，据说董事长的儿子也在，叶叶特意有事没事地到会场给领导倒水，打扫卫生什么的。很快，她如愿了，董事长的儿子注意到了她，问她叫什么名字，还要了她的电话号码，叶叶很开心。

很快，少董事长对叶叶展开了疯狂的追求，不仅把没什么学历的叶叶调到了工作轻松的行政部，而且每天上班都给叶叶送一大束鲜花，周末还会开车带叶叶去海边兜风，叶叶觉得这才是自己梦想中的生活。干脆和车间里的男友

第七章 / 绝世独立：让自己成为一道特别的风景

分了手，男友没有说什么，叶叶在心里暗暗地想，早就应该和他分手！

随着恋情的迅猛发展，叶叶倒进了少董事长的怀抱，那一刻，她觉得自己的梦想终于实现了，以后就是少董事长夫人了，叶叶觉得人生真是美好。少董事长给叶叶租了一套房子，好让她住得更舒服，但租了房子后叶叶发现，少董事长很少回来，只有在周末才来一次，叶叶很纳闷，追问他缘故，少董事长说家教太严，叶叶开始有些怀疑，成年男女谈恋爱家里也不支持吗？她开始想方设法地打听少董事长的事情，谁知结果让她大吃一惊，原来他早在两年前就已经结婚了，对方有着同样显赫的家世。叶叶伤心之至，追问少董事长，他只是沉默，逼急了恼羞成怒："你自己知道为什么要跟我在一起，不就是贪图我的钱吗？！"说完，甩门而去，直到这时，叶叶才知道自己一直是在小三的位置上，她很伤心，也很绝望。

每个人都希望成功，更希望找到成功路上的捷径，也许，有些方法确实能让你更接近成功，比如多结交些朋友，营造自己强大的人际关系网，或者是经常与人聊天，及时地获取最有效的信息，还可以把自己的专业知识加以巩固，成为自己以后工作的资本。也许这个世界上，的确有一些捷径可以走，但是，有一点一定要记住，你一定要有自己的原则，为人处世要有自己的一个"度"，不能靠青春吃饭，也不能妄想通过傍大款来致富。人有投机之心并不可怕，可怕的是超过了一个应该有的"度"。

第八章

蕙质兰心：
你要知道什么才是真正的美

　　爱美是女人的天性，每个女孩子都有追求美的权利，而且是任何人不能剥夺的。但今天妈妈要说的是，对于美你一定要有自己的标准。真正的美不在于它金钱的价值，也不在于它有多少时尚文化的气息，而是在于它是不是能够满足你身上特质的需求。

请对生活怀有一颗感恩之心

晚饭的时候，你对着妈妈辛辛苦苦做好的饭菜指指点点，这个菜太咸了，那个菜太淡了，粥也太稀了，这顿饭简直没法吃……听着你不停地数落，说实话，孩子，我很生气。要知道妈妈为了做好一顿饭，一下班就赶到菜市场，回家洗菜，煎炒烹炸，累了一身的汗才做出来，现在却被你百般挑剔，妈妈心里真的很难过。孩子，只有一个人懂得感谢别人的付出，才能发现幸福，也能让身边的人幸福。今天妈妈要和你说的，就是关于感恩的话题。

孩子，你从小就是爸爸妈妈的心头肉，在你出生的时候，妈妈咬着牙忍着剧烈的疼痛，一直坚持了8个小时，直到你出生，看着你安静地睡在床上，像一个小天使，妈

第八章 / 蕙质兰心：你要知道什么才是真正的美

妈突然觉得浑身的疲倦都消失了，那一瞬间，我高兴得几乎要落下泪来。当然，这一切你都不知道，你是一个崭新的生命，每天只知道吃奶、睡觉，当然，还有拉便便和尿尿，因为你什么都不懂，所以经常把床或者裤子尿湿，这时候，奶奶、爸爸和妈妈就要给你洗尿片，一点怨言也没有。后来你渐渐长大，想要什么爸爸妈妈就尽量满足你，热了冷了妈妈就会给你换衣服，家务活从来都不让你做，因为你是爸爸妈妈的宝贝。或许正是因为爸爸妈妈太过宠爱你，所以你认为这一切都是理所应当的吧，所以对于爸爸妈妈的付出，你从来没有表示过感谢，也没有意识到我们在你的成长中牺牲了什么又付出了多少，只是由着自己的性子，想要什么就要，想说什么就说，爸爸妈妈做了什么你都不放在心上。但是我们依然愿意为你付出，尽管有时候你不懂事伤了我们的心。

但是，孩子，随着时间的推移，你会慢慢长大，也会慢慢进入社会，在社会上，没有人会像爸爸妈妈一样宠爱你，也没有人会像爸爸妈妈一样包容你，你想要得到一样东西，是必须付出努力的。那时候，你会觉得这个社会很糟糕，因为人人对你的付出都是有条件的。同学也很糟糕,因为他们从来不会让着你,老师也很糟糕,因为他们不宠你……孩子啊,不是他们糟糕,是你对自己定错了位。看了下面的故事,你就更能明白其中的道理了。

安安是个很聪明的女孩子,她从小受到爸爸妈妈的保护和宠爱,就像是泡在蜜罐中长大的一样。终于有一天安安长大了,她离开了爸爸妈妈的保护,去了外地上学。在外地,安安发现没人帮她洗衣服,也没人帮她打饭,有了委屈也没人来安慰她,她觉得很难过。有一次,安安的衣服开线了,她自己也不会缝,同寝室的小叶看见了,也就顺手替她缝了,安安很开心,对小叶说了声谢谢就自顾自玩去了。后来小叶有个网页做不出来,问安安,安安随便说了两句敷衍的话就出去了,因为她觉得太麻烦了不想帮助小叶。后来同样的事情又发生在了其他几个同学的身上,大家都说安安有公主病,不愿意再帮她做任何事。安安很生气,生每个同学的气,觉得他们太不善良了,为什么要孤立自己呢?在这种情绪的影响下,安安开始出现了一些心理疾病,她渐渐不想读书了,想回家去,因为爸爸妈妈

第八章 / 蕙质兰心：你要知道什么才是真正的美

可以无条件帮自己做任何事。安安的爸爸妈妈发现安安的问题之后带她去看心理医生，在心理医生的指导之下，加上又读了一些书籍，安安这才明白了，原来有问题的不是同学们，而是自己，自己把父母的爱当作理所当然，不懂得感恩，父母不会同自己的孩子计较，但是别人会，所以面对安安这个不懂得感恩的人，大家都拒绝同她交往了。后来，安安回到学校，彻底改变了从前的做派，她变得乐于助人起来，尤其是那些曾经帮助过她的人，她总是很积极地去帮助他们。没过多久，安安发现，她身边的朋友渐渐地多了起来。除了这些，安安发现父母脸上的笑容也多了，因为安安回到家经常帮助爸爸妈妈做家务，还经常陪他们聊天说话，大家都说安安是个懂事的好孩子。安安也越来越开心起来，因为现在的她有了一颗感恩的心，一想起来有这么多的人喜欢自己、爱自己、乐于帮助自己，她就觉得非常幸福。

孩子，妈妈和你说这么多，并不是希望你能回报给妈妈什么，而是希望你能明白，这个世界上有太多值得你感谢的人。你应该常怀一颗感恩的心，别人帮助你，不是他们的义务，所以你应该感恩，在别人需要你帮助的时候你也应该努力帮助他们。别人如果没有时间帮你，你也无须抱怨，因为他们没有义务。以一颗平常心去看待这个世界你会很快乐。妈妈做好了饭菜，可能不太合你的口味，但是你依然感谢妈妈，因为她是用一颗爱心辛辛苦苦才做出了这顿饭；你顺利抵达学校，应该感谢交警和司机的贡献，正是因为他们的工作，你这一路才走得平安顺利；坐在温暖的教室里读书，你应该感谢边防战士为我们保驾护航，因为正是他们的付出，我们才能在和平的年代里学习知识……孩子，随意看看你就能发现，其实这个世界上值得我们感谢的人实在是太多了！如果你能发现这些，并将之记在心间，那么妈妈相信，将来你的生活会越来越幸福。

第八章/蕙质兰心：你要知道什么才是真正的美

看别人不顺眼，是你自己修养不够

那天你回来，一脸愤愤然地告诉我，同桌洋洋真让人生气，学习不好也就算了，还总是喜欢趴在桌子上写作业，结果胳膊肘总是超过桌子中线，跟他说过好多次了，不要过界、不要过界，他总是过界，我们几乎每个星期都要吵一次，今天还被老师叫到办公室批评了一顿，全都怪他……你的嘴巴好似打开了机枪一般数落着同桌的不是，我听了却不由得深思起来。其实，孩子，在你试图改变别人的时候，有没有想过你其实是在用别人的错误来惩罚自己呢？为什么你不试试通过改变自己来让你好过一点呢？

孩子，随着年龄的增长，你会有更多与人发生纠葛的时候，也必然会出现许多让你看不顺眼的人，出于解决问题的需求或者一种善意，你可能会想别人要是怎样怎样就好了。看见别人不讲卫生你会想着让对方注意一点；看到对方不讲理，你的潜意识会想如果对方能讲理就好了；看到对方没有公德心，你会想如果这个人能受到教育、有点公德心就好了；你向老师自荐做班长，但是老师却选择了另一位同学担任班长，这时候你会想，如果能改变老师的意愿，让老师同意你做班长就好了……总之，你每天都会遇到许多许多希望改变别人的事情，但是为人处世不是橡皮泥游戏，随手拿起一个泥团，根据自己的意愿随意捏圆搓扁，想要什么效果就有什么效果。在这个世界上，每个人都是有思想的人，他们会根据自己的价值观和行为方式为人处世，不可能像泥团一样任由我们根据自己的意愿揉捏，让他们怎样就怎样。如果你这样想了，那么你注定就是自寻烦恼，或许你有可能改变一个人，但是那无疑会花费你大量的心力，而且大多数的人根本连别人善意的提醒都不愿意去听，更不要说是被另一个人改造了。

　　退一步来说，你就确定你的观念和价值观就一定正确、别人的就一定错误吗？还记得那次你和同学因为一个问题争执起来，你们各执一词，争得面红耳赤，你愤愤地说："他错了！而且错得很离谱，现在不听我的，明天他一定会被老师责罚……"可是结果你还记得吗？最后受到老师批评的人是你。每个人都觉得自己是正确的，这是非常自私的想法，要学会站在对方的立场思考问题。不要把自己的观念强加在别人身上，你不一定就是对的。

萌萌是个典型的处女座女孩，凡事都喜欢追求完美，对自己的丈夫要求尤其严格，丈夫很喜欢喝啤酒，这让身为营养师的萌萌觉得很难接受，喝啤酒有什么好呢？除了能让肚子变得更大以及阻碍身体对钙质的吸收之外，真的一点好处都没有。所以她认定了死理，就一定要丈夫把啤酒戒掉，但是一向温顺的丈夫这一次却提出了抗议：他已经按照萌萌的要求几乎戒了所有萌萌不喜欢的爱好，现如今唯一的爱好就是喝点啤酒了，却没想到就连这么一个小小的爱好也要被妻子横加指责，这一次他无论如何都不会退却了。偏偏萌萌牛脾气也上来了，非让丈夫戒掉啤酒，两个人谁也不妥协，最后萌萌觉得和丈夫无法沟通过不下去，他们只好选择了离婚。这件事给了萌萌巨大的打击，后来在朋友的开导下，萌萌的性格发生了翻天覆地的变化，她不再强求他人改变，在遇到自己看不顺眼的事情时，告诉自己要心胸宽广，适当地改变自己来迁就别人。后来她在公司内的人缘越来越好，上司闫姐马上就要升职到另一个部门了，临走的时候还向领导推荐了萌萌接任她的职位。可是最终继任闫姐职位的却不是萌萌，而是总经理的亲戚杨丹。对于这个空降兵，大家都觉得不服气，所以对她说的话也总是阳奉阴违，杨丹很生气，她认为这一切都是萌萌在搞鬼，所以想尽了办法刁难她。最难的任务交给萌萌做，最棘手的客户也扔给萌萌，萌萌知道多说无益，于是把所有的心力全部放在了工作上。一年下来，萌萌为公司做了好几个大单，那些棘手的客户和案子也在她的努力之下得到了完美的解决，她的成绩甚至引起了董事长的注意，把她专门调去担任大客户经理，这个职位的分量远远超过了杨丹。

　　孩子，看到了吗？在萌萌试图改变别人的时候，她尝到了苦果，但是在她放弃了改变别人，放弃了抱怨，并用这些抱怨的时间提升自身价值的时候，却达到了意想不到的效果。在这个世界上，难免会遇到各种各样的人，他们可能会让你觉得不舒服，但是这个世界本来就是要自己去慢慢学会适应环境，适应这些人的个性和习惯，一个总想着改造别人的人除了会失去自己的好人缘之外，也注定是失败的。所以孩子，当你和别人发生纠葛的时候，不要总是把责任推在别人的身上，要仔细审视自己，是不是哪些地方做得不够好？还有哪些需要改进的地方？怎样做能让别人觉得舒服一点？想明白了这些，就适当地改变自己，因为在这个世界上，你最能主宰的，还是自己。

属于自己的风格，才是永恒的时尚

孩子，那天我们在商场里，你看中了一件粉色的上衣，但是试穿后妈妈发现那件衣服并不适合你，它对你来说，有些瘦小了。你脱下好不容易穿上去的衣服，闷闷不乐地走了出去，过了一会儿又叹了口气对我说："妈妈，我想我需要减肥了！不然那些漂亮的衣服就都不能穿了。"我听了颇不以为然,孩子,其实你并不胖,只不过你选择了不适合自己的衣服。穿衣服,不应该因为那件衣服漂亮而选择它,也不能因为某件衣服而改变自己,一个真正懂得时尚的人往往都是通过选择合适的装扮来点缀自己的韵味和气质,妈妈接下来就要和你说说这个问题。

孩子,妈妈知道,在你们这些年轻人的心目中,妈妈这辈人好像已经成了老古董。穿的衣服,没有一件是出现在时装杂志上的,市面上流行的大热款服装也极少购买,穿的衣服都是同一种风格,真是很单一。还是你们最时尚,今年最流行什么、时装杂志上哪个款式的衣服最漂亮你们都知道。

你的衣橱里面堆满了各式各样的衣服,但是却找不到最喜欢的那一件,因为这些衣服要么全都过了时,要么就是经常与人撞衫。你总是试图选择最新款式的服装,但是当你欢天喜地得到之后,又会因为各种原因而将之丢弃在一旁。看到了吗?孩子,这就是"时尚"给害的。你也许会奇怪,为什么妈妈会这么清楚,因为妈妈也是从年轻的时候走过来的,也曾同你一样青春年少,也曾同你一样追赶潮流,但是在无数次的跟风之后,妈妈发现了一件事,

那就是：当一个人总是试图去抓住流行的风潮时，她往往已经落伍了。

看看街上的那些女孩子吧，不管是燕瘦环肥，统统都穿着勒紧了腿部的小脚裤，没错，有的人穿上确实好看，但是对于许多微胖的女孩子来说，小脚裤除了让他们屁股的赘肉更加明显地显露出来之外，并没有任何好处。流行的一定就好吗？我看未必。孩子，在你挑选衣服的时候，必须记住一个基本的原则：你没必要跟着时尚走，最重要的是选择适合自己的。

就以20世纪在英国政坛上呼风唤雨的撒切尔夫人来说吧，她的发型总是保持着钢盔式，穿的衣服都是有着大垫肩的品牌套装，手上拎着的是一款用了几十年的方方正正的手提包，脖子上戴的珍珠项链是在她生下第一个孩子时丈夫送给她的礼物。就是这么一套多年来一成不变的着装风格，却足以让撒切尔夫人成为世界上屈指可数的最佳着装女人之一。无论是在专业人士还是在普通人的眼里，撒切尔夫人看上去总是那么彬彬有礼，另有一番韵味，身上的服装优雅却又不至于抢走她的光芒。正是靠着这种形象，撒切尔夫人赢得了全世界的倾慕，也赢得了自己在政坛的位置。

看到了吗，孩子？时尚其实和你身上穿的戴的是不是最新款没有多少关系的，真正的时尚，应该是来自你的审美观点。而一个人的审美观是需要一段时间的琢磨和修炼的，这需要你在生活中加以总结，选择最适合自己的、更能凸显自身优点的衣服，找到了自己的风格并坚持下去。孩子，那么你会变得越来越时尚，越来越有味道，这是那些一味追求潮流的人永远也做不到的。

总之，无论你是高是矮，是胖是瘦，都不要仅仅因为某件服装或者配饰而轻易否定自己，你需要的只是一个更适合自己的风格，找到了属于自己的风格，你就是最美的那个人。

第八章 / 蕙质三心：你要知道什么才是真正的美

要个性也要看是不是符合时代的标准

孩子，那天你和同学出门逛街，回来的时候脖子上竟然挂着一个骷髅头的挂件，说实话，我觉得很不好看，但是你却说正是这么个性的挂件让自己看起来有个性了，所以你很喜欢它。后来，你还异想天开地要把房间全部刷成黑色，说是这样才能够让你的房间看上去有个性，与别人区别开来。说实话，孩子，当我听你这么说时，真的有种哭笑不得的感觉。你要个性没关系，至少也要符合时代的标准吧！

孩子，自从你进入青春期之后，我的生命里就时时充满着"惊喜"，这些"惊喜"全都是你带来的，有时候你说自己不去上学了，要去一个荒无人烟的地方制造一种可以让某种动物灭绝的药剂；有的时候没事也要和妈妈吵上几次嘴，因为如果不吵架，你真的不知道怎么表现出自己的个性；有的时候你会买来各种古怪的装饰物，把自己的身上和家里弄得乱七八糟。你总是喜欢和别人对着来，别人做了什么事情，我就偏偏不去做，别人不做什么事情，我就偏偏要去做。当然，无论你做了什么所谓个性的事，我们都是不能数落你的，因为你受了批评会更有"耍个性"的动力。青春期的女孩，本身就是叛逆的，如果你偏要在这个时候追求所谓的个性，孩子，你的人生可能会是另一种样子。看看下面的故事，你会更明白妈妈的话。

晨晨原本是个很乖很听话的女孩，但是自从进入青春期之后，她就像是完全变了个人，再也不像以前一样每天放学就回家了，因为"那看上去一点个性也没有！"爸爸妈妈都在外地，爷爷奶奶也不怎么管她，所以晨晨就变得散漫起来，每天放了学，她先是和几个关系比较好的女孩去吃点东西，然后再化个大大的烟熏妆，再和约好的男生一起去酒吧。开始的时候，晨晨还觉得自己化的妆很个性，但是进了酒吧之后她才发现，和酒吧里的那些女孩相比，她实在是太没有特点了，烟熏妆随处可见，而那些真正看上去有个性的女孩子，不是头发染得五颜六色就是身

第八章 / 蕙质兰心：你要知道什么才是真正的美

上钻满了洞并在洞里戴上了装饰物。晨晨曾见过一个最有个性的女孩子，据她自己说，她的耳朵上、鼻子上、嘴巴上甚至肚脐上都钻了洞，加起来有15个之多！晨晨听了直咂舌，和她们相比，自己简直是太没个性了。于是她也经那个女孩的介绍，到一个文身打孔师傅那里钻洞，两边的耳朵上各钻了一个，鼻子上一个，肚脐上一个，为了让自己看上去更有特点，晨晨还让那个师傅在自己的后颈上文了一朵玫瑰花。因为在学校里没办法把头发染成别的颜色，晨晨就在发型上下功夫，她把头发两边各自剃出一块拳头大的空白，白天上课的时候把头发放下来盖住，到了晚上就开始把头发梳起来，编成十几个小辫子，这样看上去特别酷。果然，晨晨在接下来的一个星期里成了酒吧里最有个性的女孩。后来，晨晨渐渐长大，加上她的妈妈去世得早，晨晨成熟了许多，她开始体会到生活的压力，于是便拼命读书，终于考上了一所比较出名的演艺学校。毕业之后，晨晨去应征做模特，但是哪里有模特公司肯聘用一个浑身上下不是文身就是洞的女孩子呢？晨晨只好找了一份很普通的工作去做，不久之后，晨晨有了男友，男孩很喜欢她，约她一起去见父母，谁知男友的父母看到晨晨身上的文身和洞，立刻就提出了反对意见，因为在他们的感觉里，只有那些小混混儿们才会有文身或者在身上钻那么多的洞，他们不愿意让自己的儿子和一个女混混在一起。尽管男友费尽了口舌为晨晨解释，但是父母始终都不肯点头，晨晨很伤心，最后主动和他提出了分手。

孩子，看到了吗？晨晨为自己曾经的所谓"个性"付出了沉重的代价。为什么会有这样的结果呢？原因就是晨晨所追求的个性其实是不符合时代标准的，每个人都要为自己的选择买单，晨晨也是，她选择了大众不认可的个性潮流，所以她很难得到幸福。孩子，在这个世界上，你可以很个性，但是首先要符合时代标准。人的个性，可以分为三种：

第一种：叛逆的、抢眼的个性。这种所谓的个性是外在的，是一般人不会去做的，这种个性最常在一些思想不成熟的男孩子身上出现，但是一旦到了某个年龄段之后，他们这种个性也会随之淡去。

第二种：纯粹模仿出来的个性。这种个性就是模仿出来的，看电视上或者国外的人们行为言语装束上有什么特点，就在自己的身上模仿出来，这样的个性是以迷失自我特质为代价的。

第三种，由内而外散发出来的个性。一个人个性独立，对事物有自己独到的见解，品位独特却不至于脱离社会规范，这样的个性是体现出个人特质的个性。拥有这种个性的女孩子有自己的气场，她的美与个性不会随着时间的推移而变淡。

孩子，妈妈希望你所追求的个性是第三种而不是第一种和第二种，你是个聪明的孩子，妈妈相信你会做出最明智的选择。

根据自己的风格特点去设计形象

那天和你一起逛街，你看中了一件明艳的蝙蝠衫，宽宽大大的，你非要买下来。但是我却拒绝了你，回到家你很生气,为妈妈没给你买衣服而生气,认为妈妈太小气。其实,孩子,妈妈不给你买那件衣服并不是因为妈妈舍不得,而是因为妈妈知道,那件衣服并不适合你这个年纪,穿在身上效果也不好。孩子,你渐渐长大,挑选衣服必须明确这样一个原则:根据自己的风格特点去选择适合自己的衣服。

对于一个女孩子来说,整体形象是十分重要的,穿衣打扮也要讲究。对此,美国白宫总统礼仪顾问威廉·索尔比曾经说过这样一句话:当你学会包装自己的技能时,它就会成为你的一种优势,而这种技能,其实是完全可以学会的。事实正是如此,当一个女孩子学会为自己设计形象的时候,她的美会被放大呈现出来,她的气质也会被烘托出来,气场自然也就随之强大起来。但是,想要做自己的形象顾问,并不是一件容易的事情,一个出色的形象顾问,首先应该是从辨别自己或者他人的风格特点开始的。

孩子,当你走在街头的时候,很容易就能发现,有些女孩子身上的衣服可以很好地烘托出她的个性,而同样的衣服穿在另外一个人身上,就完全不搭调,好像是临时借来穿穿一样。为什么会这样呢?原因就在于有些女孩子知道自己想要什么,在她的心中对自己有一个很好的定位,知道自己是一个什么样的人,所以在选择衣服的时候也会根据自己的这种定位去选择。但是另外一些女孩子就做不到这样,他们穿衣服很随意,有的是看到别人穿什么好看就跟着穿什么,流行杂志或者电视上的人物在穿什么她就跟着穿什么,完全没有自己的穿衣风格,也不会搭配衣服和首饰。孩子,如果你将来的希望是能成为一个充满独特气质的女孩,那么从现在开始,你就要学着通过自己的个性特点来确立自己的着装风格。

举个简单的例子,你的表姐杨阳是个很文静的女孩,她出现在我们家的时候总是一脸的含羞带怯,那时候你总是说表姐很淑女,你希望将来也能像她一样。那么如果让你给杨阳表姐做形象顾问,你会怎么给她选择衣服呢?毋庸置疑,根据她的特点,你为她挑选出来的服装风格应该是很温柔淑女的,会选择暖色系的裙子或衣服。这样才能让她和服装融为一体,也能通过着装让她独特的气质更好地凸显出来。

但是,如果你要做自己的形象顾问,那就完全不同了,你是一个大大咧咧、活泼好动的女孩子,所以在形象上应该偏酷一点。这时候，暖色系裙子是断然不能出现在你身上的，你可以穿上长衫，戴个鸭舌帽，再梳一个酷酷的发型，这样你的特点才会凸显出来。当然，如果你长大了，要进入职场，那么着装除了要根据自己的工作环境来决定，还要适当地展示一点成熟韵味。衣服和人一样，应该是相互协调的，你能想象一个大大咧咧的女孩子穿着旗袍摇曳生姿吗？反正我是想象不出来。挑选衣服，除了要注意和所在的场合相符合，还要注意一定要符合自己的风格特点。

当然，妈妈上面所说的，主要是从服装和配饰的角度来为你分析，形象设计的内容其实远远不止这些，一个人的外在反映的是她的个性，而一个人在心智尚未成熟的时候，个性也是不定的，加上本身就缺少形象设计的观念，难免会出现形象气质与服饰不搭的情况。所以，想要做自己的形象顾问，除了要多了解一些形象设计的知识，还要经常对自己做总结，这样才能让自己的形象越发光彩。

第八章 / 蕙质三心：你要知道什么才是真正的美

漂亮，只是为你的个性和气场服务的

我和你一起去阿姨家里做客，第一次去，你颇为重视，从衣橱里找出自己最喜欢的衣服一件一件地试，最终选择了一件一层叠一层的蓬蓬裙，再看上衣，则是一件做工精细的缀满花边的蕾丝上衣。孩子，说实话，我看到你穿着这么一套衣服走出来的时候，脑海里出现的第一个感觉不是美或者不美的评判，而是像一棵圣诞树，以及刚刚包装好的礼物，很是奇怪。其实，仔细来看，这些衣服都很不错，很漂亮，售价也不菲，但是穿在你的身上显得不是很好看，也不是很搭配。用一句比较喜感的话说就是，它们漂亮它们的，你还是老样子。于是我建议你去换一件简单的灰色运动衫，却遭到了你最强烈的拒绝，你说那种没有款式的衣服，穿出去恐怕也只会泯然众人矣，我才不要穿！好吧，孩子，我不得不下这样的一个结论：你对漂亮的定义还停留在字面的意思上，为了让你明白什么才是真的漂亮，妈妈就抽出一些时间来和你说说关于漂亮的话题。

现如今，追求漂亮是女孩子们的专利，也是女孩子们最热衷的事情。孩子，自从前几年你悄悄买来第一支唇彩开始，妈妈就发现你追求美的意识已经开始苏醒了，这让妈妈很高兴，你终于可以不再像一个假小子一样到处疯跑了。但是孩子，说实话，当你第一次画出一个完整的彩妆，问我好不好看的时候，我差点把刚刚吃进去的饭全部吐出来。那个妆容，怎么说呢？让我的胃很难受，有种毛骨悚然的感觉。"妈妈，难道你不觉得这样很美吗？"你眨着化了浓浓眼影和被假睫毛包围起来的"大"眼睛问我。我当时有种不知道该说什么了的感觉。孩子，我知道那些非主流的女孩子就是喜欢像你这样把眼睛弄得尽可能大、把巴弄得尽可能小，据说这样看上去更有不食人间烟火的味道。但是请恕我审美无能，我想大多数正常的人都和我一样很难看出美在哪里吧？孩子，难道你也想走那种非主流路线？眼睛大了又怎样？嘴巴小了又怎样？化的这些妆让人看起来真的没有差别，你不知道这样的女孩子究竟有什么特点，也不知道谁是谁，因为她们看上去几乎一模一样，这样的美，怎么可能给人留下深刻的、好的印象？又怎么会凸显出个人的气质？孩子，如果你不想成为千篇一律中的一个木偶人，那么就从现在开始，别跟风，找回属于自己的个性。无论是穿衣服还是化妆，都要注意展示出你的个性，让你的气场强大起来，这是一个很基本的东西。

　　说到这里，妈妈就要和你说说气场的问题。我们看电视或者杂志上经常会说到某个女明星或者名人气场强大，那么什么是气场呢？在妈妈的理解里，气场是从内而外散发出来的，它不是说你穿上某种衣服就可以显摆出来的，而是一种来源于内心的独立、自信、坚强。一个人内心强大，才会有气场，有气场的人即便是身材不够高挑、妆容不够精美，站在人群中也会卓尔不群，颇为引人注目。一个气场强大的女孩子往往会让人不得不刮目相看。所以很多女孩子在成年之后都会着重地让自己的气场更强大。所以孩子，如果你也想做一个有强大气场的人，那么就应该自信、独立起来，多读书，腹有诗书气自华,一个对世界有独到看法和认知的女孩内心才能更丰满。

其实,孩子,有一点我要再次强调,一个人的衣服、妆容、配饰其实就是她的形象代言人,你可以不说话,但是别人依然可以从你的着装打扮上对你产生特定的认知。没错,气场的确是由内而起的,但是如果一个人穿着不合适的衣服,纵使有再强大的气场也会被遮盖起来。就像你之前所选择的蓬蓬裙,穿在你身上并不合适,这样就掩盖了你的气质。

其实孩子,你在渐渐长大,以后尽量不要去穿这些太过烦琐的衣服。有的时候真正能让你更漂亮、更有气场的,往往是那些看上去很简单的服饰,这些简单大方的服饰往往会让你整个人的气质凸显出来,进而才能让你的气场更强大。

漂亮不能跨界，美也要符合自己的年龄

今天收拾衣服，连同多年以前的一件缀满了花朵的白纱裙也找了出来，小小的，很可爱，那是你小时候的衣服，你拿在手中，啧啧称奇，原来你曾经也是个可爱的小萝莉啊！你翻来覆去地看了一会儿，又放在身上比画了一下，然后突然说道："妈妈，如果现在还有这样的衣服我一定要去买一件，你看，多漂亮啊！"听了你的话，有那么一瞬间我没有反应过来，因为我不敢相信你竟然有想穿上那件花哨衣服的想法。没错，对于一个小幼儿来说，那件衣服的确很漂亮，但是若放大了穿在一个像你一样的花样少女身上，我想那效果一定很让人不舒服。孩子，你必须明白，一个女人在不同时期就应该有不同的美，这样的人生才是完整的、不留遗憾的，漂亮是不能跨界的。接下来，妈妈

要和你说的，就是这样一个问题。

身为女孩，实在是一件值得庆幸的事情，我们不用和那些男孩子们一样，每天穿着大同小异的黑白灰色系的衣服，我们可以选择自然界中最美的颜色，也可以选择各式各样的款式，这是多么有意思的一件事情啊！这个世界，正是因为有了女孩子们的存在才变得更加美丽和富有色彩，所以，女孩生来就是要漂亮的。

小时候，女孩儿的漂亮是纯真可爱，她们可以穿白纱裙、蓬蓬裙，戴夸张的发饰，踩着五颜六色的小皮鞋，像个小公主一样；

少女时代，女孩儿的漂亮是青春甜美，她们可以很淑女，可以很灵动，简简单单的装饰就能把青春的美挥洒得淋漓尽致；

青年时代，女孩儿的漂亮是明艳照人，她们可以很妩媚，可以很贤淑，无论是职业装还是居家服都不能掩盖那盛放的美丽；

中老年时代，女孩儿成了长辈，漂亮少了些外在、多了些内涵，但是气场变得强大起来。漂亮表现出来的是知性和优雅，岁月沉淀出来的气质格外迷人。

孩子，看到了吗？在人生的不同阶段，表达美的方式也是不一样的。所以，为了你的人生更完满，在人生的每个阶段，我们也应该根据我们的年龄对我们的装扮进行一定程度的调整。

孩子，还记得那次我和你去表姑妈家里做客吗？那时候我们刚刚从外面回来，又累又渴，所以没有提前打电话就去了表姑妈家，表姑妈应声开门，可是门打开之后你却忍不住笑了。表姑妈的身上穿着一件缀满了花边的裙子，没错，那件衣服很漂亮，但是现在它突然出现在了表姑妈的身上，让你感觉很是突兀，看上去真的是不太协调。是啊，表姑妈虽然年纪不大，但是怎么也是个中年人了，竟然穿了一件这么青春的碎花衣服！表姑妈好像也觉得有点不好意思，说道："啊，我没想到你们会来啊，刚刚一直在收拾房间，所以就随便翻了一件旧衣服出来，真是……"表姑妈越说越觉得不好意思，"我还是去换件衣服，买点菜，做点饭给你们吃啊！"说着就进屋换衣服去了。当表姑妈再次走出来的时候，你才觉得顺眼了许多，因为她又变成了平时那个优雅又有气质的表姑妈了。后来吃了饭，回到家，你很感慨地说："看来什么年龄段的人就要穿什么年龄的衣服，不然就算衣服再漂亮也会变得很难看。"

　　直到现在我还很清楚地记得你曾经说过的话，孩子，其实你早就已经意识到了漂亮不能跨界的问题了，只是到了自己的身上就糊涂了。还有我们隔壁的王奶奶，她是一个总喜欢赶时髦的、不服老的老太太，虽然已经六七十岁了，但是依然很喜欢穿艳色的衣服，仅仅红色的毛衫就有好几件。对于自己的装扮，王奶奶总是很诙谐地号称自己要"抓住青春的尾巴"。在她那里，好像青春真的被延长了一样，王奶奶的美，是跨越年龄界限了吗？当然没有，其实只要你仔细观察一下就能发现，其实王奶奶的衣服虽然颜色鲜艳，但是款式却都是老年款的。试想一下，如果王奶奶穿了年轻人的T恤配牛仔裤，那么肯定是不能被众人接受的，至少我是不能欣赏的。说了这么多，还是要回到我们开始说的那个问题，一个女孩子，无论到什么年龄都要有符合自己年龄段的美，硬要跨界的话，只能让自己成为别人口中的谈资和笑柄。

第九章

忧心忡忡：
一定要记得好好珍爱自己

孩子，这个世界的诱惑和危险太多了，妈妈为此忧心忡忡，无论如何，妈妈都会竭尽所能去保护你，但同时，也希望你好好珍爱自己，呵护自己。妈妈看了太多平静背后隐藏的陷阱，也明白那一张张诱惑的血盆大口究竟在等待着吞并谁。那是包裹在糖衣下的伤痛，妈妈希望你一生都不要触及。

孩子你要记得，世上没有免费的午餐

今天你非常开心地告诉我，邻桌一个男生送了一条项链给你，那是你一直想要的。不用花钱就能得到一条项链，这件事要是天天都能遇到就好了。我想，你的欢喜或许是因为真的很喜欢那条项链，今天，妈妈要和你说的就是作为女孩子的一项重要行为准则：不要随便接受别人送的东西。

孩子，你在渐渐长大，越来越漂亮，越来越迷人，妈妈相信随着时间的推移，一定会有一些男孩子通过请你吃饭、邀你唱K、送你礼物来获得你的好感并换取进一步交往的机会。孩子，如果你对那位讨好你的男孩子没有感觉，那就坚定地拒绝他吧！

如果对方诚意邀请你共进晚餐，也要尽可能地拒绝他。不要因为磨不开面子或者真的想大吃一顿就答应别人的要

第九章 / 忧心忡忡：一定要记得好好珍爱自己

求，这样会让人误会与你有进一步发展的可能。如果真的盛情难却，你就大大方方地去吧，像和朋友在一起一样，从容优雅地吃上一顿，然后千万别忘了买单。不要认为男人请女人吃饭是理所当然的事情，那是已经过时了的习俗。根据一项心理调查，80%以上的男人都不愿意为妻子和女友之外的女人买单，他们之所以在与异性朋友吃饭后选择买单，完全是出于礼貌。当然，如果这位异性朋友真的让他去买单，那么这个男人心里一定很不舒服，尤其是在你吃了别人的饭却又不肯答应与对方交往的时候。或许对方不能耐你何，但是至少你在对方心里和口中的形象已经大打折扣了。

许多男孩子喜欢在情人节的时候通过送女孩儿玫瑰花或者小礼物来表示好感，如果你也遇到了这种情况，孩子，请一定要委婉地拒绝。如果对方执意要把花送给你，你一定要记得把买花的钱还给他，并谢谢他的安慰，或者告诉他自己已经有了心仪的对象。不要轻易接受别人的馈赠，如果你那样做了，对方就会误会。拿人手短，吃人嘴软，以后你可能会因为这种心理而与不合适的人在一起，这将是一件十分令人遗憾甚至可能让你后悔终身的事情。孩子，请记住，无论到什么时候，你只能接受你喜欢的异性送给你的礼物，当然生日礼物除外。当别人送了礼物给你时，请记住一定要还礼给别人，这是基本的礼仪。

如果有男孩请你一起去郊游、看电影或者唱歌，但你对这个男孩儿没有好感，那就果断地拒绝吧。除非有一大帮人一同前往，否则男孩子很容易在激动的时候向你表白，甚至发生一些你不能控制的事情。所以孩子，如果你对邀请你的男孩没有好感，就不要给他任何机会，这样你才能和对方维持良好的关系。

或许在你看来，妈妈说的这些东西有些老套，但是，无论在任何年代，窈窕淑女，君子好逑都是一个普遍现象。男孩子们会通过各种方式向喜欢的女孩示好也是一个普遍的规律，所以孩子，妈妈告诉你的，绝对不是一些过时、没用的东西，而是妈妈从自己身边和真实女孩的身上总结到的一些经验。

小艺是个很漂亮的女孩子，在大学中有校花之称，追求她的人很多，但是小艺心中却只有一个男孩小佳。小佳很帅气，又是个好男孩，他对小艺也是倾慕有加，但是唯

第九章 / 忧心忡忡：一定要记得好好珍爱自己

一让小艺觉得不满意的就是小佳的家庭是贫困户。所以小艺虽然很喜欢小佳，但是她并没有接受小佳的爱，因为她还是有些迟疑。但是就在她考虑的这段时间，一个家境颇丰的富二代对小艺展开了疯狂的追求，鲜花、巧克力每天都会摆在她的桌前。开始的时候小艺还不为所动，后来富二代送了一个限量版的名牌包给她，这下子小艺有些迟疑了，她真的要拒绝吗？富二代见小艺有些动心了，就说："没关系，靓包配美人，我拿着也没用，就权作送给朋友的见面礼吧，如果你还当我是朋友的话……"

小艺见富二代言语之间并无冒犯，并且把话说明了是送给朋友，她也就收了下来，后来富二代便以朋友的借口经常约她一起吃饭、看电影、出游，当然中间送了她不少礼物。后来富二代觉得时机成熟了，便向小艺提出了要求："做我的女朋友吧！"

小艺在这段时间里也听到了许多富二代的风流韵事，她当然不肯点头。富二代立刻就恼了，他付出了那么多的时间、精力和金钱去追小艺，小艺也都接受了，却没想到，她居然到最后还是不肯做自己的女朋友！富二代觉得自己被耍了，立刻就在全校范围内传播小艺的坏话，说小艺收了他很多礼物、故意耍他玩，败坏小艺的名声。言语污秽不堪，害得大家看小艺的眼神都发生了变化，小艺向周围的人声明自己从来没有和富二代交往过，但是大家全都不信，收人家那么多的礼物，怎么可能从来没有交往过？小艺的名声被彻底毁了，她最喜欢的男孩小佳也对她避而远之。小艺后悔死了，但是她已经没有回头路可走了。

　　看了小艺的故事，孩子，你还觉得女孩子随便收受别人的礼物是应该的吗？在这个世界上有各色各样的人，有的人光明磊落，但是也有一些人人品特别低，他们在付出之后没有收获就会产生报复心理。所以，孩子，为了你的安全和名声，千万不要因为贪图对方的礼物或者一时的心软就同对方交往，世界上没有免费的午餐，爱占人小便宜的女孩儿一定会吃大亏的。

　　孩子，你已渐渐长大，以后难免会遇到异性的追求，而男孩子追求女孩最常用的方法就是送礼物或者送花束给她。妈妈希望你千万不要随便接受男孩的礼物，如果你对这个男孩子没有好感，就恰当地拒绝他，不要给男孩任何幻想，这也是让自己躲开麻烦的最好方式。

第九章 / 忧心忡忡:一定要记得好好珍爱自己

小心点,生活中到处是金钱铺就的陷阱

那天我和你一起上街,走着走着,发现你没了踪影,再回头一瞧,原来你正聚精会神地盯着电线杆上的小广告看呢!我走过去一看,原来上面写的是某公关公司招聘女助理的广告,要求身高一米六五以上、体貌端庄、思想开放、日薪……我立刻拉你离开了。你却不肯走:"妈妈,这个多好啊!看看,只要每天晚上工作三个小时就可以了……"我听你这么说,真的脸都要黑了,孩子,不要妄想着你同别人聊聊天就能挣大钱,这个世界上到处都是金钱铺就的陷阱,妈妈接下来和你说的,就是这个问题。

孩子,随着你的年龄逐渐增长,越来越融入这个社会,渐渐地你会发现这个世界上有太多你所不能理解的事情,你身边的同学年纪轻轻就拥有了自己的汽车,穿着时

尚，开始经常出入高级场合。开始你觉得很困惑，同学年纪轻轻哪有那么多钱，后来你慢慢地明白了，原来是同学已经开始工作，并且就是街边的小广告介绍她们去的。街边那种常见的小广告真的能为人介绍工作吗？孩子，不要太幼稚了，你不是经常在网上浏览信息吗？估计也看到过不少女孩子沦落为性工作者的故事，因为这种故事实在是太普遍了。是的，这种小广告就是把这些女孩子变成"堕落的天使"的罪魁祸首之一，这些小广告往往打着招公关或者客房服务的旗号，以高薪为诱饵，吸引了大批涉世未深或者是急需用钱又别无出路的女孩子。这些女孩子有些成为性工作者，有些涉世未深的女孩子如果不愿意的话，便会被抢走钱包、手机等贵重物品，更加走投无路，甚是可怜。

　　找工作的时候一定不要相信什么工作轻松、高薪之类的话，没有天上掉馅饼的好事，特别是女孩子更容易轻信别人，掉进别人设计已久的陷阱。没有人会不喜欢金钱，但是女孩子一定要明白，这个世界是讲究公平的，只有付出才会有回报，如果有高薪又轻松的工作摆在了你面前，问一问自己，为什么会轮到我。在物欲横流的世界里，金

第九章 / 忧心忡忡：一定要记得好好珍爱自己

钱的圈套时时存在，女孩子一定要保持高度的警惕性。

妈妈给你讲一个真实的故事吧，是关于你的小心阿姨的。小心阿姨是妈妈小时候的小伙伴，我们的关系非常好，整天形影不离，后来由于妈妈考上大学到城里上学，我们的联系就少了。几年后妈妈从你外婆口中得知了她的事情。

小心长得非常漂亮，可以说是村里的一枝花，是全村青少年们都梦想追求的对象，但小心并不想待在村里生娃种地，这样平淡无奇地过完一辈子可不是她的梦想。小心对未来充满了美丽的遐想，她希望能到大城市里去，赚很多很多的钱，然后再买一栋房子，定居在那里。怀揣着家里仅有的1000元钱，带着这个美丽的梦，小心上路了。

三天三夜的火车让她疲惫不堪，但是她依然充满激情，准备开始找工作。但是现实并没有她想象的那么简单，一来，她没有学历找不到理想中坐办公室的好工作，二来，类似于刷盘子之类的脏活她又不愿意干。几天下来，仅有的1000块钱已经所剩无几，小心觉得失望极了，难道自己的梦想就要这样破灭了吗？

正在绝望之际，小心突然瞄到了身边广告杆上的招聘广告：五星级酒店诚招客房服务，月薪3万元以上。要求：女，身高165厘米以上，外形端庄，在校大学生优先……小心顿时被3万元的工资吸引了，3万块钱能买多少好东西啊！自己虽然不是大学生，但是其他的条件都可以啊，反正也没工作，不妨去试一试。面试进行得很顺利，面试官对小心的外形非常满意，小心被录取了。随着主管讲解工作原则和规矩，小心突然明白自己的这份工作是做什么的了。但是身份证已经被主管以办理证件的名义收走了，小心万般无奈，想想自己的梦想，想想3万元的高薪，决定开始做这份工作。

渐渐地，小心凭借自己出众的外表赚到了越来越多的钱，并把钱源源不断地寄到了自己的老家。小心老家盖起了新房子，给弟弟说媳妇的人也络绎不绝，小心爸妈因为有这么一个"有出息"的女儿无比骄傲，走起路来好像连背都不驼了……但好景不长，有半年时间，家里都没接到小心的汇款，小心的父母开始着急，想方设法打听女儿的消息。后来听邻村一起出去打工的人说，小心因为卖淫罪被判了刑，始终不肯说出自己的家乡和父母的名字，后来在办暂住证的时候随机谈话才找到了这些打工的人。小心父母顿时觉得自己的脸面被女儿丢尽了,家里新盖的房子仿佛也失去了光彩。

孩子,看到了吧,这就是活生生的例子。女孩子一定不能被金钱蒙蔽了双眼,也许你看到的是金光灿灿的光环,但跳进去之后会发现原来是一个深不见底的泥潭。这个世界给女孩子的考验和诱惑太多了,女孩子一定不要被迷惑了双眼,如果迷失了方向,那么再想回头几乎就是不可能的了。

孩子,街上那些小广告,很多都是诈骗的手段,你一定不要被里面提供的高薪所迷惑,要学会透过现象看本质。这些招聘广告其实并非像其写的那么好,往往高薪都是用女孩子们无法承担的代价换来的,所以你一定要坚决地对这些招聘说"不"。不要看到高薪就急着往上冲,一定要加以甄别,这样才能有效地防止掉入陷阱。

小便宜的背后，往往失掉的会更多

那天你回到家，一脸喜滋滋的样子，还没等妈妈问，就迫不及待地说："妈妈，我今天赚了10块钱！"妈妈愣了一下，你还没上班，到哪里去挣钱，后来听你讲总算弄明白了，学校门口买一送一，买一盒圆珠笔送一盒圆珠笔，原来10块钱只能买一盒，现在买了两盒，可不就是赚了10块钱吗？"那圆珠笔好用吗？""卖东西的老板说很好的哦！"看来，你真的很开心。后来妈妈知道那两盒圆珠笔只用了不到两次就被你全部丢掉了，因为基本上不能用。孩子，这就是贪小便宜的结果，也正是妈妈今天要跟你讲的。

近年来，不管是从网络上、电视上还是广播、报纸，随处可见关于受骗的新闻：×××被骗了50万、×××

第九章 / 忧心忡忡：一定要记得好好珍爱自己

被骗了 30 万……诈骗案到处都是。受骗的人不分国籍、不分种族、不分性别、不分年龄，仿佛现在这个社会已经无法阻止骗子的脚步了，人们都充满了不安全的感觉。孩子，你不也买了两盒劣质的圆珠笔吗？

其实以妈妈的视角来看，人们之所以会受骗，主要是爱贪小便宜的缘故。据调查，由于贪小便宜被骗的案件占总诈骗案的 80%。孩子，这个世界上想不劳而获的人太多了，每个人都希望有突如其来的好运，骗子就是利用人性这个弱点来行骗的。

现在的骗子越来越狡猾，手段也越来越高明，但是万变不离其宗，骗子瞅准的就是人们贪便宜的弱点，越是贪便宜的人就越容易上当。如果人们都只相信靠自己劳动得到的成果，那么又怎么会有那么多人受骗呢？孩子，当你遇到下面这些好事的时候一定要选择冷静，不要让贪便宜的心态主导了你的思想。

一、中奖信息。有一次你拿着手机非常兴奋地给妈妈看你的"中奖消息"。不管是中奖短信还是中奖电话，都离不开一个主题，告诉你因为某种非常不靠谱的原因，你中了某某大奖，要求联系某个号码，而你一旦打电话过去，会被告知你在领取奖品之前需要先缴纳一定的费用，在缴纳费用之后，就再也联系不到这个号码了，你不仅没有得到大奖，自己的那点小存款也被骗走了。

二、外币兑换。这种情况常常在长途客车上遇到。一般是几个人称自己有某某国的纸币，想卖掉。然后有个冒充专家模样的同伙站出来告诉大家，这种纸币非常值钱，以这种价格买到真是赚翻了。接下来，有几个冒充乘客的同伙会争先恐后地来买，造成一种"大家都在买，不会上当"的感觉。孩子，如果买了，回家后可以带着这种纸币到银行里问问，它们可能不及你花出去的人民币价值的 1/10。

三、某种原因，廉价抛售。这种情况也是非常常见的，比如你买的"买一送一的圆珠笔"。妈妈也上过这种当，有一次街边有人卖电锅，只要200块，不仅可以买一只电锅，还送电熨斗和剃须刀。妈妈被贪念冲昏了脑子，就买了一套，结果回到家，锅子和电熨斗用了两天就不工作了，更可恶的是，剃须刀差点把你爸爸的脸划伤。而这种东西到哪里讨说法呢，街边摊早就不知道跑到哪里去继续骗人了。

孩子，我们上当还只是几块钱、几百块钱的损失，贪小便宜还可能带来更加沉重的后果。

你还记得以前楼下住的那个刘奶奶吗？她以前经常给你糖吃的，刘奶奶已经退休了，儿子女儿都在国外。有一次刘奶奶碰到一个商人，称自己有很多中药材，家里儿子生病了要赶回去，想把这些药材处理了，刘奶奶看他一副老实的模样，自己本身就一直在吃中药，这个商人的价格又比药店便宜很多，于是满心欢喜地买了好多，后来又把附近需要中药治病的老人都找来，很快商人的药材全部卖掉了，立刻离开了小区。刘奶奶觉得自己做了一件好事，不仅自己得到了好处，还给邻居们省了钱，非常欣慰。很快，跟刘奶奶一起买药材的李大伯越想越觉得不对劲，就把药材拿去给医生看，才知道这些中药竟然全是假的，整个小区的老人总共损失了一万多块。刘奶奶又生气又内疚，自己损失了这么多钱不说，还给邻居带来了这么大的损失。虽然邻居们没有责怪她，但刘奶奶依然觉得是自己害了大家，就这样思虑交加，刘奶奶病倒了，在医院里住了好长时间。

孩子,你明白了吗?不要轻易相信那些从天而降的好运,看似美好的事物往往是有毒的。电视里出现罂粟花的时候,你说很漂亮,妈妈告诉你这种花的果实会害人,是制造令人深恶痛绝的毒品的原料,你还记得吧。

孩子,你看到了吧,贪小便宜的后果就是这么严重,一点点小利益的迷惑可能使人陷入无限的痛苦之中。特别是对一个女孩子来说,面对的金钱陷阱更是数不胜数,对一个爱贪小便宜的女孩来说,她的未来是堪忧的。所以孩子,无论到什么时候,想要什么东西,都要靠自己的努力去争取,不要相信自己能撞上大运。

别因为好奇把自己推向无法逆转的悬崖

女儿,还记得在外婆小区里发生的那件事吗?那天我们两个一起走,看到前面围着一大群人,你很好奇,走过

第九章 / 忧心忡忡:一定要记得好好珍爱自己

去,发现原来有人摆了个箱子在地上,只要掏出一块钱,就可以看到许多你这辈子都不可能看到的东西。许多人都交了钱,一个接一个地看,看过之后脸都是红扑扑的。你也来了兴趣,一块钱算什么呢?如果能看个稀罕物,那也就值了,于是你走过去掏了钱看了一眼,也是脸红地走了出来。我问你看到了什么,你扭捏了一下,说道:"呃……是两个人在接吻……"我当时立刻就笑了。的确,有的时候,好奇可以促进我们的学习和认知,也可以给我们带来欢乐,但是凡事都有两面,从另一方面来说,好奇很有可能会把你推向无法逆转的悬崖,孩子,今天妈妈就要和你说说这个问题。

孩子,10多岁的你正处于一个对任何事都好奇、都想尝试的阶段,这个世界有太多你想不明白并且想尝试的东西。并且你有了自己的隐私,不想把这些告诉妈妈,学会了自己在网络上搜索信息,你渐渐拥有了自己的小世界,喜欢什么事情都要自己去尝试,不喜欢大人对自己指手画脚。你的心情我能理解,但是孩子,妈妈想告诉你的是,不管你有多好奇,有些东西是绝对不能碰的,比如毒品和性。

其实关于毒品的问题妈妈已经和你说过了,但是妈妈想强调的是,有很大一部分人之所以染上毒瘾,就是因为好奇。根据有关资料,在我国吸毒人群中,35岁以下青少年比例高达78%,并且他们开始吸毒时,平均年龄还不到20岁,而16岁以下开始吸毒的青少年更是数不胜数。孩子,你知道这意味着什么吗?这意味着你身边的同学中可能就有吸毒者。而青少年又具有极强的好奇心理和爱模仿性,并且容易冲动,抗诱惑能力不强,爱好冒险,从众,孩子,正处于青春期的你怎么能够让妈妈不担心呢?这个世界上,有太多的人因为毒品而倾家荡产,甚至染上艾滋病的人实在是数不胜数,所以妈妈希望你一定要远离毒品。

另外,随着你进入青春期,对男孩子的兴趣也越发明显,这是你开始长大的标志,妈妈由衷地为你感到高兴。渐渐地,追求你的男孩子会越来越多,你或许也会有喜欢的人,然后开始交往,开始也许只是拉拉小手,但感情到了一定程度,你们可能会想要有性的接触。妈妈相信,提出这个要求的一般是男孩子,你之所以同意相当大一部分原因是因为好奇,你对这种事情充满好奇的想法,想探一探它的庐山真面目。孩子,妈妈十分确定地对你说,你肯定会后悔，如果因为好奇失去了自己的处女身或者更多你意想不到的事情，那么在以后的岁月里你会常常地后悔。你记得我们隔壁那个叫绿绿的姐姐吗？妈妈今天把她的故事讲给你听，权当是一个借鉴吧！

绿绿在读高中的时候是全校闻名的校花，追求者也数不胜数，绿绿偏偏都看不上眼，她早就心有所属了。她最喜欢的是隔壁班的小郑，小郑身高一米八，喜欢打篮球，学习成绩又好，"如果有一天能和小郑做朋友该多好！"绿绿常常会这样想。让绿绿没想到的是，有一天下课，小郑红着脸把一封信放到了绿绿的桌子上，然后在同学们的起哄声中逃也似的跑走掉了。绿绿知道，自己要恋爱了。

绿绿和小郑很快陷入了热恋，他们除了睡觉、吃饭、上课，其他时间都尽可能地腻在一起，随着高考越来越近，他们的感情也愈加升温。有一天，小郑对绿绿说想尝试尝试那种事情，绿绿的脸"刷"地就红了，她嘴上说不好，心里却也充满了好奇，又觉得自己跟小郑的感情已经这么好了，再进一步也没什么，于是就半推半就地同意了。

高考要到了，但是绿绿觉得最近身体老是不怎么舒服，一吃饭就作呕,想着考完试到医院去做个检查,于是坚持着进了考场,没想到晕倒在了考场里。后来送到医院后的检查结果令所有人都大吃一惊,绿绿怀孕了!绿绿的爸爸妈妈惊呆了,他们万万没想到自己引以为傲的宝贝女儿竟然让他们这么丢脸,更关键的是,女儿以后可怎么嫁人啊!绿绿扛不过爸妈的逼问,供出了小郑,于是两个人在没有考完试的情况下双双落榜。由于年纪还小,绿绿打掉了孩子,却由于流产后绿绿子宫太薄,以后再也无法怀孕。小郑的家人听说这个消息后,劝小郑离开绿绿。小郑在家庭的压力下选择了妥协,补偿了绿绿一笔费用。

是的,这就是这个故事的结局,现实就是这么残忍,一颗充满好奇的心能让人获取知识,也能让人做出让自己后悔终身的事情。孩子,妈妈说的你能理解和接受吗?所以一定要保护好自己,远离毒品和性,别因为好奇把自己推向无法逆转的悬崖。

第九章 / 忧心忡忡：一定要记得好好珍爱自己

你这么漂亮，一定要保护好自己

妈妈记得，2014 年 8 ~ 9 月的一个月时间，一直都被大家称为"黑暗月"，因为随着开学季的到来，那段时间我国连续发生了多起女生被害以及失联的事件，其中女学生占了绝大部分。

20 岁的女大学生高渝返家搭黑车，因车资发生纠纷被害身亡；另一个悲剧发生在山东，22 岁的金姓女孩在火车站搭上一辆黑出租而被性侵，另一位 19 岁的女孩在返校途中失踪……女孩在青春期时，极易成为"大灰狼"袭击的目标。如今，你已出落得亭亭玉立，说实话，妈妈在这方面还是很担心的。在青春期这个关键时期，妈妈希望你一定要好好保护自己，提高安全意识和技能。以下这些叮嘱，妈妈希望你一定要记得。

1. 不要与行为不检点的男性交往，以免受其直接的教唆和潜移默化的影响。

2. 不要看黄色、淫秽的书刊、画册、录像、VCD等。

3. 不要与男性一起谈论涉及色情的笑语、趣闻等，如果是与单个男性在一起时更要杜绝。这是不自重的表现，男性自然也不会尊重你。

4. 与男性交往时，切勿饮酒，更不能过量，以防止酒后失身。

5. 应该避免单独和男子在家里或是在宁静、封闭的环境中会面，尤其是到男子家中。夜间不要单身去男同学、男教师家中、宿舍或办公室，如果确有必要，要有人同行或者有所戒备，更不能在单身男性家过夜。

6. 夜晚不要与陌生男人同行，如发现有陌生男人尾随或跟踪时，要设法摆脱。外出要注意周围动静，不要和陌生人搭腔，如有人盯梢或纠缠，尽快向人多处靠近，必要时可报警。

7. 非公共场合，不要轻易接受男性的物品，即使是茶水、饮料也要警惕，以防被人下药。

8. 若发现男性的挑逗、轻浮言行，要态度鲜明，及时

第九章/忧心忡忡：一定要记得好好珍爱自己

斥责，设法摆脱，必要时向爸爸妈妈、老师同学求援或拨打110。

9. 外出时，应了解环境，尽量在安全路线行走，避开荒僻和陌生的地方。夜晚出门走路要选择中间和有灯光处，以防有人从某角落出来袭击。不要随意搭乘男性的机动车辆，夜晚一般不要单身乘出租车去郊外。

10. 外出乘车的时候，一定要告知亲朋好友，应该在能够预见到危险高发的时间段和路线，选择其他交通工具或者乘车时联系亲朋好友等，不给犯罪分子可乘之机。

11. 独自在家注意锁门，拒绝陌生人进屋。

慎用药物，有些药绝对不能吃

那天看电视，电视上突然出现这样一个镜头：两个小青年在舞动的灯光下，拿出几颗药丸吞进了肚子，然后更加欢快地跳起舞来……你看着看着，突然一脸羡慕地说，他们看上去很快乐啊！刚才吃的是不是可以让人快乐的药丸啊？我听了你的话立刻觉得心头一沉，孩子，看来今天妈妈一定要和你说说药物的事情了。

药物对我们的生活来说几乎可以称得上是不可或缺的，小至感冒发烧拉肚子，大到抗癌手术挽救生命，药物都是不可或缺的。我们要感谢那些药物发明者将我们从疾病的痛苦中拉出来，但是孩子，如果你就此认为药物都是好的，吃点应该没问题吧，那就真的大错特错了。孩子，你必须明白这样一个道理：是药三分毒！只要是药物，总有一定的副作用。就拿最常见的感冒药来说，虽然它可以治感冒，但是你也会因为药物而感到瞌睡甚至拉肚子。当药物帮助我们恢复健康的时候，我们的身体也必然会因为药物而产生一些不良的反应。一旦过量，那么毋庸置疑的是身体必然会受到损伤。所以，不到万不得已，一定不要吃药。

孩子，你必须明白，少吃药只是一个大前提，为了我们的健康和幸福，有些药物我们是坚决不能吃的。下面妈妈就和你说说那些可能会对你的健康和幸福造成危害的药物。

1.减肥药。即便是你想要减肥，也要寻找适合自己的

第九章 / 忧心忡忡：一定要记得好好珍爱自己

减肥方法，而不是盲目利用减肥药进行减肥。你要明白一个原则，那些真正需要在减肥药帮助下进行减肥的人，必须是在超出标准体重 25% 以上的人，在通过运动、饮食等常规手段无法达到减肥效果以至于健康受到影响的时候，才可以适量服用药物。而且只有在这种情况下，减肥药也才能实现利大于弊的效果。

前几年，一个 29 岁的女孩在服用减肥药物 23 天后死亡。经过法医检验，女孩死亡的原因是减肥药诱发了心血管疾病，结果在还没来得及打电话求救的情况下就丧失了生命。

即便是没有生命危险，减肥药对人体的伤害也是巨大的：人体服用含有利尿剂的减肥药之后，体内的水分被大量排出，所以减肥者不得不经常去厕所，精神不振、头晕、低血压都会表现出来，如果你认为付出这么多代价能减肥那就大错特错了，一旦停止用药，你的体重会立刻反弹。还有人吃的减肥药里含有阿卡波糖，吃了之后身体内的肝脏酶素会随之上升，引发肝炎的概率会特别高……各种各样的减肥药都会给人体带来伤害。

所以，孩子，看看你的细胳膊细腿，你是真的胖吗？不，你一点都不胖！所以，为了你的生命安全和健康着想，千万不要跟风去吃减肥药。即便是你真的胖了，也要通过专业人士的治疗搭配合理的饮食并通过运动来达到瘦身的目的，减肥药是万万不能吃的。

2. 迷幻类药物，又叫毒品。包括我们平时在电视里经常看到的大麻、冰毒等。孩子，你在电视上看到那些吸食毒品的人往往看起来很快乐，其实那是因为这些迷幻类的药物往往会作用于人体中枢神经系统，让人产生幻觉或者快感。这听上去很不错对不对？但是孩子，如果你知道经常吸食迷幻类药物的危害恐怕就会不寒而栗了。

在全世界，吸毒者数以亿计，他们中的许多人都是在别人的引诱下吸食毒品的，22岁的女孩青青就是其中的一个。那时青青刚刚大学毕业，又找了一份比较称心的工作，一帮朋友为了她有新工作举行聚会庆祝，大家玩得都很高兴。席间一位朋友掏出毒品请她吸食，青青早就知道毒品不好，但是她对这个东西实在是太好奇了，加上磨不开面

第九章 / 忧心忡忡：一定要记得好好珍爱自己

子，就跟着吸了两口。谁知后来竟然有了毒瘾，每天都得吸食毒品。有时候她也想戒毒，可是当她真的不去吸毒的时候又难受得不得了，就好像有一万只蚂蚁在啃咬她的身体一样，难受得无法忍受。于是青青不得不继续吸食毒品，因为她吸食毒品的量越来越大，朋友已经不能再免费供应她毒品了，青青每个月的薪水也已经不够她吸食毒品，为了能够吸毒，青青开始通过朋友的介绍去做皮肉生意，后来还通过贩毒运毒挣钱……为了吸毒，她没有了尊严，像一条狗一样活着，因为吸食过多的毒品，她的脸色越来越难看，泌尿系统也被彻底破坏，每隔10分钟就得小便，20多岁的人好像已经到了中年一般。她的爸爸妈妈每每提及她都难过得要命，有时候青青自己一想起这几年的境况也恨不得自杀，但是她最终还是欠缺了一点勇气，因为长时间吸毒，青青还感染了艾滋病，不得不20多岁就得待在病床上接受治疗。一个原本有着大好前程的女孩子最终在花样年华里终结了自己的生命。

所以，孩子，为了你自己的前程，为了能更好地在这个世界上生活下去，千万不要去碰迷幻类药物，无论是出于什么原因。

除以上两种对人体伤害最大的药物不能吃外,还有些我们平时可以吃的药物,在服用它们的时候也要注意错开生理期。包括:香豆素、肝素、溶栓剂之类的抗凝血药;治疗阴道炎症的洗液、栓剂、泡腾片、阴道片剂、丸剂、胶囊;安洛血、维生素K之类的止血药;活血化瘀的中药;硫酸镁、硫酸钠之类的泻药;甲状腺素制剂;肠胃动力药;雄激素、黄体酮、口服避孕药之类的性激素类药物等。总之,记住一个大前提,在非必需的情况下,尽量不要服食药物,即便是非得要用,也要尽可能少用。

别过分贪凉,不然长大后有你好受的

那天你从学校回来,满头大汗,扔下书包打开冰箱就去拿冰淇淋吃,妈妈阻止了你,严厉地命令你把冰淇淋放

第九章 / 忧心忡忡：一定要记得好好珍爱自己

回去。虽然你乖乖地听了话，但是却用嘟起的小嘴和鼓起的脸蛋宣示了自己的不满。妈妈端来温水给你，你迟疑了一下，终于还是抵不过饥渴，端起水来一饮而尽。妈妈知道你生气了，你肯定在抱怨这么热的天为什么不让你吃冰淇淋，是妈妈小气吗？当然不是。妈妈爱你甚至胜过爱自己，怎么会吝惜一杯小小的冰淇淋呢？之所以不让你吃冰淇淋，是因为担心冰冷的东西会对你的身体造成伤害。你当然不能理解，天气热的时候，不是应该吃点冰凉的东西、坐在空调房里吗？这才是享受生活啊！其实这是一种错误的生活方式，妈妈今天要和你说的就是这个问题。

天气热的时候，喝杯冰水，吃个冰西瓜，来杯冰淇淋……身体立刻就会舒服起来，暑气顿消。但是由此带来的伤害也是很多的，你很可能会患上消化系统疾病。还记得去年姥姥生病住院的事情吗？那时候妈妈带着你回老家看姥姥，姥姥正住在医院里，挂着点滴，一副无精打采的样子，看到你，姥姥勉强扯起嘴角笑了笑，却没有一丁点精神。你用力扯着妈妈的手，不断地追问姥姥为什么会生病，其实姥姥生病就是因为吃了冰箱里的冰西瓜。没错，天气热的时候吃上一块冰西瓜的确很舒服，但是原本热乎乎的肠胃里突然多了许多冰凉的东西，温度会立刻降下来，汗腺也会随之闭合，身体内的散热功能就会被扰乱，腹泻、腹痛甚至急性肠胃炎都可能会接踵而至。所以，为了防止身体遭受伤害，在觉得又热又渴的时候，还是放弃冰淇淋，来杯温开水或者粥吧！

或许你觉得自己的身体棒，没事。但是孩子，你必须记住，对一个女人来说，保暖是一生的事儿。做女人，千万不要让自己冷，一旦身体冷了，许多大麻烦小麻烦就会缠上你。还记得你小时候妈妈给你讲的白雪公主的故事吗？"王后坐在雪地里为她未出世的孩子做衣服，不小心刺破了手指，鲜红的血滴下来落在了雪地里，白里透着红，真是漂亮极了。王后心想，如果自己的孩子出世之后也能有这样白里透红的皮肤就好了！后来白雪公主出生了，她的皮肤就如王后所期望的，白里透着红，漂亮得让人看一眼就会爱上她……"那时你专心致志地听妈妈讲这个故事，故事结束后还问妈妈："妈妈，我的皮肤也能像白雪公主一样漂亮吗？"妈妈当时用力地点点头，你在妈妈的心里，比白雪公主还要漂亮啊！几乎每个女孩在出生的时候都是健康美丽的，你也是一样。那么为什么到后来有的人会肤

第九章 / 忧心忡忡：一定要记得好好珍爱自己

色越来越差甚至发黑发黄呢？这其中有很大一部分原因就是她们在成长的过程中过分贪凉了。

身体变冷，除了会让你的脸色变差发黑发黄之外，还可能会让那些讨人厌的肉肉缠上你。身体变冷了之后，最怕冷的小肚子就会拼命从我们的食物中寻找脂肪来保护自己，这样我们的肚脐下方就会长上一圈一圈的肥肉，这些肥肉的存在是为了让我们的小肚子保暖。所以无论你是想通过运动或者节食减肥来赶走它们都是收效甚微的。看到了没有，身体变冷，不但会让你的皮肤变差，还会让你变胖，所以，既然你的愿望是成为一个像白雪公主一样美丽的女孩儿，那就不要在热天的时候吃冰冷的东西。

也许你会说，不吃冰凉的东西，我吹空调总可以吧？没错，吹空调的确是一种很好的消暑方法，但是孩子你同样要记住，如果你正热得冒汗，猛然进入温度很低的空调房中，你患上感冒的概率几乎会达到50%！除了这些，光脚穿凉鞋，用冷水洗澡等，都是极不好的习惯。这些习惯会把你身体内的阳气带走，极有可能会让你在生理期的时候小腹疼痛，更严重的还会出现月经不调、引发妇科疾病，甚至被更严重的疾病困扰。所以，保暖不仅仅应该是冬天的事，夏天更要注意保暖。要把保暖工作做到位，除了我们上面所说的尽量少喝冷饮、少吃冰淇淋、少吹空调之外，还可以从其他方面把身体丢失的阳气找回来。

　　1. 饮食要均衡。爱美是女人的天性，但是孩子，如果你认为每天吃些青菜、水果，不吃肉就可以瘦身那就大错特错了。没错，青菜、水果的确可能会让你的身体少吸收一些卡路里，但是你同时也要知道，大多数的水果都是寒凉的。如果你只吃青菜、水果，或许可以在短期内达到瘦身的效果，但是体质就会变冷，到时候不但肤色变差，身体也会糟糕起来。所以还是应该多吃一些红肉，羊肉和牛肉不但含有丰富的铁质，还可以补充气血，让气色好起来，也可以让你的身体好起来，让人更有力气和精力。当然在饮食上避免身体变冷的方法还有很多，不要喝凉茶，也不要食用芦荟，要多吃生姜、红枣、鸡蛋、牛奶等食物。

　　2. 不要因为贪图漂亮而穿露脐装或者在冬天里穿裙子。许多女孩子为了展露出自己的纤腰，就喜欢穿上露脐装，把自己的腰围露出来。没错，这样的确可以吸引许多异性的眼光，但是孩子，你必须明白，全身最怕冷的部位就是小腹和后腰，一时地贪图漂亮换来的代价可能是在数年之

后的妇科病和腰间丛生的赘肉。而且，妈妈也不认为穿露脐装就可以展示出女孩子的美丽，一个女孩子真正的美丽应该源于她的气质、谈吐以及得体的装扮，卖弄风情的露脐装只会让人觉得品位低劣。也有许多女孩子为了漂亮而在冬天里穿裙子，裙子下面就是一条薄薄的丝袜，没错，我们的确可以看到许多女孩子甚至明星这样穿衣服，但是你必须明白，她们只是为了工作需要这样穿。如果你在生活中见到也有女孩子这样穿衣服，那么妈妈可以很肯定地告诉你，除非这个女孩天天待在暖气房里，否则，她迟早会患上关节炎、妇科病。

所以，为了你的健康和以后的幸福，孩子，请你不要过分贪凉，也不要因为漂亮和潮流而随意违背自然科学规律。